LE PETIT LIVRE DES CRYPTOMONNAIES

Stanislas Barthélémi

LE PETIT LIVRE DES CRYPTOMONNAIES

FIRST ÉDITIONS

ISBN : 978-2-412-09022-0
Dépôt légal : septembre 2023
Imprimé en Italie

Correction : Anne-Lise Martin
Mise en pages : KN Conception

Éditions First, un département d'Édi8
92, avenue de France
75013 Paris – France
Tél : 01 44 16 09 00
Email : firstinfo@efirst.com
Site internet : lisez.fr

Sommaire

Introduction

Définir complètement le terme *cryptos* en quelques lignes relève de l'exploit. *Crypto* est le diminutif de *cryptomonnaie*, un terme polémique puisque évoquant d'emblée la dimension monétaire sur laquelle nous reviendrons. De façon plus équivoque, les cryptos, aussi appelés « actifs numériques » (notamment en droit) dans le débat public en France, renvoient à la capacité à détenir et envoyer de la valeur par le biais numérique. La crypto est donc une histoire de valeur !

Près d'un Français sur dix possédait de la crypto début 2023, contre 6,7 % en possession d'actions achetées en propre. Cette donnée souligne une tendance constatée dans le monde entier, avec environ plus de 400 millions de détenteurs de cryptos. La courbe d'adoption des cryptos est à ce titre parlante. Nous atteindrions le milliard de détenteurs d'ici 2026-2027, soit une adoption plus rapide que celle d'Internet.

Plusieurs bulles se sont succédé sur la valorisation de ces actifs d'un nouveau genre depuis 2011. Leur prix est au centre des discussions et les articles font florès dans les médias depuis quelques années à ce propos. Cette tendance occulte l'intérêt de cette nouvelle technologie qui change déjà notre quotidien, questionnant autant la politique que l'économie.

Notre rapport à la valeur change à l'ère du numérique. Sous nos yeux se crée un nouvel Internet qui ne concerne plus seulement l'information mais traite aussi la valeur sous toutes ses formes. Pour la première fois, il est possible de posséder de la valeur sans avoir besoin de faire confiance à un intermédiaire. La crypto est ainsi à l'Internet de la valeur ce que l'information est à l'Internet.

L'objectif de cet ouvrage est de dépasser ce sujet de la valorisation afin de mettre en exergue les perspectives offertes par l'Internet de la valeur et ses caractéristiques : paiements, transferts transfrontaliers, opérations financières complexes à moindre coût, souveraineté sur son identité numérique, art numérique, etc.

L'analogie avec Internet se maintiendra tout au long de ces pages. Les utilisateurs de ChatGPT, de Deezer ou de Lydia n'ont pas connaissance des détails techniques de leur fonctionnement. Il est probable que la cryptomonnaie étant parvenue à maturité, les utilisateurs n'auront pas conscience de la technologie sous-jacente lors de l'emploi quotidien de cryptos. L'abstraction de la complexité masquera les notions de clé privée, de blockchain, ou encore de frais de gaz, pour le grand public.

L'objet du livre est d'expliquer le fonctionnement de la technologie tout en évitant de dire que tout se vaut en matière de crypto. Le terme de crypto est une généralisation quasi obligatoire pour traiter du sujet. Néanmoins, tous les projets n'ont pas la même ambition. Il est aussi simple de créer sa propre crypto que de créer son propre site Internet. Par conséquent, toutes les cryptos n'ont pas le même intérêt pour les utilisateurs finaux. Nous essayerons ici de définir les différentes cryptos, puis de proposer des grilles de lecture pour séparer le bon grain de l'ivraie.

Les actualités du domaine sont abondantes. Le texte ne colle pas à l'actualité pour éviter le risque d'être périmé aussitôt publié. Les perspectives des prochaines années vont être explorées selon les convictions de l'auteur après plus de quatre années passées dans le secteur à écumer les différentes sources d'informations dans le domaine et à conseiller des entreprises dans l'utilisation de la blockchain.

La visée de ce livre est purement pédagogique. Il évite l'abus de jargon technique, de manière à rester à la portée de tous les curieux se questionnant sur l'intérêt des cryptomonnaies et la réalité ou non de la révolution annoncée depuis quelques années.

L'IRRUPTION D'UN OVNI NUMÉRIQUE : BITCOIN

Aux origines de Bitcoin

Afin de comprendre le concept de cryptomonnaie, il convient de décrire le terreau dans lequel Bitcoin s'est enraciné tout en décrivant le problème que tente de résoudre ce projet. En effet, Bitcoin est la première des cryptos : créée en 2008 par l'anonyme Satoshi Nakamoto, elle demeure à ce jour la première du point de vue de la valorisation (presque 50 % du secteur), de l'impact médiatique ou du nombre de détenteurs.

Comprendre le concept de rareté numérique et de transfert sans intermédiaires, caractéristiques généralement attribuées à la crypto, nécessite donc d'analyser sous toutes ses coutures Bitcoin, avant de présenter d'autres projets dans les prochaines parties.

Pour ce faire, revenons à l'émergence de l'informatique qui a modifié structurellement nos interactions sociales et économiques.

L'usage actuel d'Internet : libre mais dépendant de tiers

À l'heure d'Internet, l'information circule librement. Envoyer un e-mail ou discuter sur un forum se fait à la vue de tous. Cependant, la structuration progressive du web autour d'acteurs centralisés, les fameux GAFAM (Google, Apple, Facebook, Amazon, Microsoft), met notre vie numérique entre les mains de quelques acteurs seulement. Cela va à l'encontre de l'idée initiale et libertaire d'Internet, qui était de ne dépendre de personne pour accéder au réseau et échanger de l'information à l'échelle mondiale.

Ce même raisonnement s'applique également à nos échanges de valeur. En effet, lorsque nous payons en espèces dans un magasin, le billet quitte notre main pour aller dans la caisse du commerçant. Cette transaction est en pair à pair, c'est-à-dire directement entre le client et le commerçant, sans intermédiaire qui gère le paiement. Toutefois, la numérisation des moyens de paiement, tels que les cartes de crédit ou les solutions de paiement mobile telles qu'Apple Pay, ajoutent des intermédiaires à cette relation. De même, les paiements sur les sites de commerce électronique impliquent également des intermédiaires.

Le constat est donc simple : que ce soit pour nos communications ou pour nos paiements, nous dépendons entièrement d'acteurs qui agissent comme intermédiaires de confiance. Les intermédiaires de confiance sont nécessaires à bien des égards, mais il est important de questionner leur place et leur valeur ajoutée dans certaines circonstances, en particulier à l'aune des nouvelles opportunités technologiques telles que les cryptomonnaies. Les intermédiaires entraînent des coûts économiques sous forme de commissions ou s'approprient, avec notre consentement, les données générées par notre activité en ligne, qui peuvent être de grande quantité et d'une grande importance dans nos vies. Au sein de démocraties libérales, les intermédiaires peuvent être régulés et limités dans leur pouvoir. Toutefois, le numérique complique cette capacité à les réguler.

Une quête politique de garantie des libertés par le numérique

Au début de l'informatique, dans les années 1960, le réseau Internet a été créé dans un contexte de guerre froide et d'affrontement des deux blocs. Le but initial était de mettre en place un réseau résilient qui permettrait aux ordinateurs de différentes institutions de recherche américaines de communiquer entre eux, même en cas d'attaques militaires.

Au fil du temps, Internet s'est étendu et a permis l'émergence de nouvelles technologies, comme la messagerie électronique ou les sites web. Cependant, l'absence de protection de la vie privée et de sécurité des données sur Internet a rapidement suscité des inquiétudes. C'est dans ce contexte que le mouvement des cypherpunks est né.

Les cypherpunks étaient des mathématiciens et des cryptographes qui cherchaient à protéger les libertés individuelles. Leur objectif était de se prémunir de toute immixtion de l'État ou d'une puissance privée dans la vie des citoyens. Ils croyaient que la cryptographie pouvait être utilisée pour créer des systèmes de transactions qui seraient à la fois anonymes, sécurisés et décentralisés.

Le mouvement cypherpunk a émergé en 1992 et tire son nom de la contraction de *cypher* (« *chiffrer* » en anglais) et *punk* (mot désignant un mouvement de contestation de l'ordre établi). Les cypherpunks ont proposé un manifeste qui mettait en avant un principe fondamental : « La vie privée dans une société libre et ouverte nécessite des systèmes de transactions anonymes. »

C'est dans ce contexte que la quête de proposer un système permettant l'échange de valeur sans intermédiaire a pris forme. Les cypherpunks croyaient que la cryptographie pouvait être utilisée pour créer des systèmes de paiement décentralisés qui permettraient des transactions anonymes et sécurisées entre des personnes, sans avoir besoin de passer par une institution financière centrale.

Le projet Bitcoin puise ses racines dans ce substrat idéologique et technique originel. Le mouvement cypherpunk a joué un rôle clé dans la création de Bitcoin et dans la promotion des valeurs de liberté, d'autonomie et de sécurité des données sur Internet.

À bien des égards, les craintes d'une centralisation extrême se sont avérées bien réelles dans la construction de l'Internet tel que nous le connaissons aujourd'hui. Ces mouvements dissidents ont ensuite influencé divers courants de pensée, tels que les anarchistes ou les libertariens.

La cryptographie, un terme générique regroupant les techniques permettant de rendre des informations secrètes, est l'outil principal au service de cette volonté politique. Elle est issue de ces mouvements qui ont vu émerger des technologies fondatrices et structurantes telles que le chiffrement avec PGP (Pretty Good Privacy), le protocole de transfert pair à pair BitTorrent ou HTTPS, qui permet d'ajouter une couche de sécurité lors de l'envoi d'informations.

De nombreux projets ont tenté de créer un système de transfert de valeur en pair à pair sans recourir à un intermédiaire central, apportant chacun leur contribution à l'édifice numérique qui constitue

Bitcoin. Parmi ces projets remarquables, on peut citer ces exemples :

- David Chaum, considéré comme l'un des précurseurs du mouvement cypherpunk, a proposé en 1983 un concept novateur : les signatures « aveugles » pour des paiements non traçables. Ces signatures, qui permettent de valider une transaction sans révéler l'identité des parties impliquées, sont encore utilisées aujourd'hui dans les applications de vote numérique. Par la suite, en 1989, David Chaum a fondé l'entreprise DigiCash, avec pour objectif de développer le projet eCash et l'unité de compte « cyberbucks ». Le système breveté, qui garantissait l'anonymat des transactions, dépendait entièrement de l'entreprise, qui a malheureusement fait faillite par la suite. À cette époque, le besoin d'une valeur numérique ou d'une confidentialité des échanges n'était pas encore pleinement reconnu, car l'Internet était encore peu dynamique et ne servait pas encore de plateforme d'échange généralisée.

- BitGold, un projet proposé par Nick Szabo, est apparu dans une liste de diffusion en 2005. Les idées de ce cryptographe, influencées par l'école autrichienne en économie, introduisaient des concepts fondamentaux tels que la preuve de travail et la récompense monétaire. Cependant, aucune application concrète des idées de BitGold n'a été réalisée.

- B-Money, proposé par Wei Dai en 1998, présente des caractéristiques similaires à BitGold. Bien que B-Money n'ait pas été mis en œuvre, il a contribué à l'évolution des idées et des concepts qui ont ultimement conduit à la création de Bitcoin.

Ces différents projets ont semé les graines d'une réflexion collective sur les moyens de créer un système de transfert de valeur décentralisé.

Le rapport de filiation entre ces projets et Bitcoin se retrouve aussi bien dans la philosophie que dans le nom pouvant se traduire par « pièce de monnaie numérique ». Le texte originel envoyé par Satoshi Nakamoto à sa liste de diffusion mail fait état du titre suivant : « Bitcoin : A peer to peer electronic cash system ». B-Money fait partie des sources du document fondateur de 9 pages.

Un système garantissant sécurité et décentralisation

Bitcoin est le fruit de quarante années d'innovations dans les domaines de la cryptographie et de l'informatique. Nous avons déjà abordé certains des projets qui ont contribué à sa création.

Il est important de souligner dès le départ que nous avons écrit jusqu'ici Bitcoin avec une majuscule. Il convient désormais de distinguer deux concepts portant le même nom. Bitcoin, avec un B majuscule, représente l'infrastructure numérique qui permet le transfert de valeur. Le bitcoin avec un petit *b* représente l'unité de compte qui circule sur Bitcoin.

Pour simplifier, nous comparerons Bitcoin à un livre de comptes ou à un cahier de transactions. Cette analogie permet de démythifier Bitcoin, souvent perçu comme une construction numérique complexe. Il s'agit bien évidemment d'une simplification à des fins pédagogiques.

Votre banque gère seule le livre de comptes qui fait état du nombre d'euros que vous détenez. Bitcoin fait donc état du nombre de bitcoins que vous avez.

La différence entre les deux systèmes est majeure : dans un cas une seule entité est en capacité de modifier votre nombre d'euros, dans l'autre une infinité de personnes ou d'entreprises peut le faire.

Le livre de comptes est appelé *blockchain*, un terme adopté rétrospectivement après sa création, et les pages de ce cahier sont appelées *blocs*. Ces blocs sont reliés les uns aux autres par un mécanisme cryptographique, créant ainsi une chaîne de blocs, d'où le terme de blockchain, de la même manière que la reliure d'un cahier permet de maintenir toutes les pages ensemble.

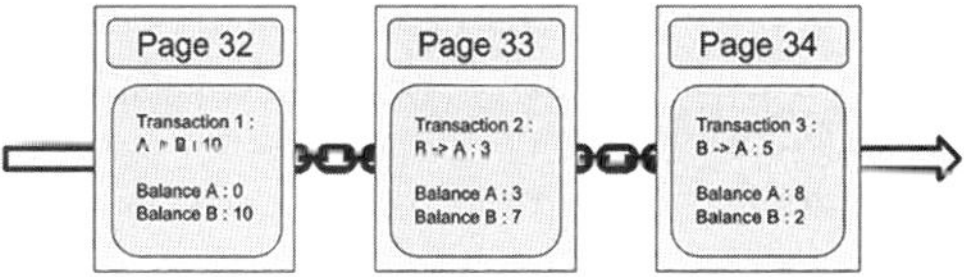

Les pages sont des blocs, et le cahier forme la blockchain Bitcoin. Ce cahier est consultable de manière transparente et fait état des transactions et donc des balances de tout le monde.

Deux questions se posent alors concernant ce livre de comptes si n'importe qui peut écrire ou mettre à jour Bitcoin, comme un réseau de cahiers :

- Comment instaurer la confiance entre des personnes et des entités qui ne se connaissent pas et ont chacune leurs propres intérêts personnels ?
- Comment garantir la sécurité de ce cahier lors de l'ajout de pages contenant de nouvelles transactions ?

La confiance par la transparence

Contrairement à une banque qui gère notre compte bancaire au quotidien, Bitcoin est un livre de comptes numérique tenu par de nombreux acteurs, toutes les transactions étant enregistrées depuis la première page. Ces acteurs peuvent être des individus ou des entreprises qui décident librement de télécharger le livre de comptes (le logiciel) et de le maintenir à jour avec les soldes corrects.

Deux caractéristiques majeures découlent de ce fonctionnement : la consultation est ouverte à tous, et il est possible d'ajouter de nouvelles transactions. Il est facile de disposer d'une copie de ce registre, consultable par quiconque le souhaite, sans l'intervention d'un tiers. Cette transparence crée la confiance quant à l'inscription correcte des nouvelles transactions. Chaque transaction possède un numéro d'identification unique, et il est possible de consulter les premières pages du cahier ou de vérifier la détention d'une adresse spécifique. Le logiciel est open source, son code est public et accessible à tous, et il peut être téléchargé librement et gratuitement.

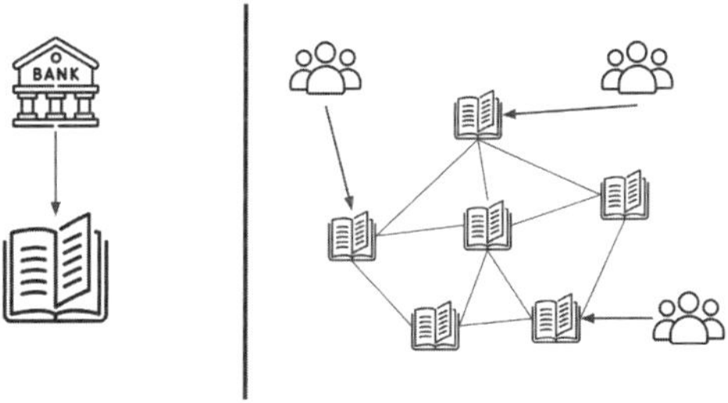

D'un côté une banque (et elle seule) se charge de mettre le cahier à jour ; de l'autre, de nombreux acteurs peuvent mettre à jour les détentions.

La confiance repose donc en grande partie sur la transparence de la blockchain et sur le nombre de copies de ce registre.

COMMENT CONSULTER CE REGISTRE ?

Faites vous-même l'expérience ! Rendez-vous sur le site suivant : Blockstream.info

Ce site propose de visualiser l'état du registre. Même si vous faites confiance au site dans les informations mises en avant, vous pouvez toujours vérifier par vous-même en disposant du registre directement.

La barre de recherche permet de vérifier un numéro de bloc, numéro unique de transaction, ou de vérifier une adresse. Vous retrouverez aussi les derniers blocs ajoutés ainsi que les dernières transactions.

Il convient de préciser que les adresses ressemblent à une suite de caractères, par exemple : bc1qwdt489z34v05xq9dgpdvsjrxuz5dzsrzutg7fjdltjptkmjxrdcsghh5r7. Le registre ne mentionne pas les noms et prénoms des utilisateurs, mais utilise des pseudonymes. Il n'y a pas d'anonymat, mais plutôt un pseudonymat. Cette nuance est importante, compte tenu de la traçabilité des transactions induite par ce fonctionnement.

Une adresse Bitcoin, également appelée clé publique, est comparable à une adresse mail, publique et accessible à tous, que l'on partage pour échanger de l'information. Elle est générée à partir d'une clé privée, qui constitue le secret à protéger, comparable à un code PIN plus complexe d'une carte bancaire. La clé privée ne peut pas être devinée au hasard, il est plus facile de gagner plusieurs fois de suite à la loterie que de trouver des clés privées donnant accès aux bitcoins d'autres personnes.

Envoyer une transaction revient à utiliser sa clé privée comme signature. Pour plus de confort et de facilité, cette suite de caractères peut être transformée en une phrase dite mnémotechnique de 12 ou 24 mots. Cela permet de détenir soi-même un actif numérique : du bitcoin. Jusqu'à présent, la sémantique ne trompe pas puisque dans le droit français, le terme actif numérique est préféré à celui de cryptomonnaies ou cryptoactifs. La contrepartie de cette souveraineté est la responsabilité. La sécurisation de cette clé est essentielle, car la perte de la clé privée entraîne la perte d'accès à sa crypto.

Des anecdotes illustrent bien les conséquences de cette perte. Ainsi, un informaticien, ayant jeté son disque dur contenant le fichier qui renfermait son mot de passe, a perdu 7 500 bitcoins. Dans les premières années, lorsque la valeur du bitcoin était faible, de nombreuses personnes ne pouvaient imaginer que sa valeur augmenterait de manière significative quelques années plus tard. Selon Chainalysis, une société spécialisée dans l'analyse des flux sur la blockchain Bitcoin, environ 20 % de toutes les unités de compte sont considérées comme perdues.

Une compétition pour assurer la sécurité de chaque nouvelle page

Les livres de comptes qui constituent le réseau Bitcoin proposent tous le même état à un instant donné. Chaque acteur du réseau met son cahier à jour, les cahiers étant en communication permanente. La question de la sécurité se pose en ces termes : Comment garantir que la page suivante comporte des transactions acceptées de tous les acteurs ? Question subsidiaire : Comment mettre d'accord des individus et entreprises sur de nouvelles pages de transactions, et ce sans autorité centralisatrice ?

Les projets dans l'ère pré-Bitcoin fonctionnaient à l'aide d'une entité centralisatrice, une entreprise dans le cas de Digicash. Bitcoin, pour se défaire de la tutelle d'un acteur, met en application la preuve de travail conceptualisée par Hashcash et Bitgold afin de créer un consensus, c'est-à-dire un accord sur l'état du réseau entre tous les participants.

Cette preuve de travail garantit l'absence de double dépense, c'est-à-dire l'impossibilité de dépenser deux fois le même bitcoin à deux endroits au même moment. Toute la fiabilité de Bitcoin repose sur la solution proposée à ce problème.

La manière la plus universelle de désigner un vainqueur est d'organiser une compétition aux règles connues de tous, à la manière de « Questions pour un champion ». Cette compétition dans le cas de Bitcoin porte sur la résolution d'un calcul de mathématiques, matière unanimement reconnue quels que soient le pays ou la culture. Le gagnant de cette compétition organisée à chaque nouvelle page du cahier soumet sa réponse au réseau en capacité de vérifier cette réponse simplement.

Les concurrents ne sont pas des personnes sur un plateau télé mais des machines avec une puissance de calcul plus ou moins importante en fonction du matériel. La sécurité est ainsi la puissance de calcul agrégée entre tous les acteurs. Schématiquement, Bitcoin était à l'origine un réseau avec quelques ordinateurs. Ce réseau a grandi pour devenir aujourd'hui une industrie à part entière. Pour prendre le contrôle de Bitcoin, il faut disposer de plus de la moitié de cette puissance de calcul du réseau (soit 50 % + 1). Par exemple, admettons que le réseau soit constitué de 100 ordinateurs, il faut en corrompre 51, ou ajouter 101 machines pour avoir le contrôle de plus de 50 % avec 101/200.

Les participants à la compétition sont appelés *mineurs*, leur travail informatique rappelant le travail physique pour extraire l'or du sol.

La difficulté du problème mathématique s'ajuste tous les 2 016 blocs, soit environ 14 jours, pour garantir un temps entre chaque bloc d'environ 10 minutes. Quand bien même il y aurait une fuite de la moitié des participants du réseau ou un doublement, l'ajustement garantirait toujours ces 10 minutes.

Nous venons de décrire le principe de compétition intitulée *preuve de travail*. Cependant, il est courant de participer à des compétitions dans un but bien précis, que ce soit la renommée offerte ou la récompense pécuniaire associée. D'ailleurs la participation à cette compétition-ci possède un coût bien défini : le coût fixe de l'achat de la machine qui va procéder aux calculs, auquel s'ajoute le coût variable de l'électricité.

Le gagnant de la compétition récupère une récompense libellée en bitcoin. Cette récompense constitue l'incitation pour les mineurs à participer à la compétition. Ainsi, les mineurs qui contribuent à la sécurité et au bon fonctionnement de la blockchain Bitcoin sont rétribués en recevant des bitcoins nouvellement créés, en plus des frais de chaque transaction.

Cela crée un système incitatif où les mineurs sont motivés à investir dans l'équipement informatique nécessaire et à consacrer leur puissance de calcul pour résoudre les calculs complexes et sécuriser le réseau. C'est donc dans un intérêt commun que les mineurs favorisent la sécurité du réseau, tout en préservant leur intérêt personnel, conformément à la théorie des jeux, discipline mathématique qui étudie les interactions entre parties prenantes dans un système.

Une économie du jeton inédite

L'intérêt de participer au réseau Bitcoin ne se limite plus seulement à une adhésion à une idéologie de niche, mais repose principalement sur l'intérêt financier représenté par la récompense. Cette récompense se compose de deux éléments :

- À chaque bloc ajouté à la blockchain, une récompense fixe en bitcoins est générée et attribuée à un mineur en particulier, qui est sélectionné par le mécanisme de la preuve de travail. Cette récompense est appelée la *coinbase*. Il s'agit de la première transaction de chaque bloc avec une création de bitcoins *ex nihilo* par le protocole, sans qu'une entité ne soit à l'origine de cette récompense La société américaine Coinbase, qui est une plateforme d'échange de cryptomonnaies, a pris son nom en référence à cette transaction particulière de la blockchain Bitcoin.

- Le montant des frais de transaction dans Bitcoin dépend du nombre de transactions présentes dans le cahier des transactions. Plus précisément, il est basé sur un mécanisme de marché où le montant des frais augmente si le nombre de transactions dépasse la capacité du réseau à les traiter rapidement. Dans ce cas, la règle du « plus offrant passe en premier » s'applique, ce qui signifie que les utilisateurs peuvent choisir de payer des frais plus élevés pour que leurs transactions soient traitées plus rapidement. En théorie, les frais de transaction pourraient augmenter indéfiniment, mais il y a une limite pratique. Même les utilisateurs les plus fortunés ont un seuil au-delà duquel ils ne seront plus disposés à payer des frais excessivement élevés pour leurs transactions. Cela soulève donc la question de la scalabilité, qui sera abordée dans la section suivante de ce livre.

En 2008, Satoshi Nakamoto a pris une décision cruciale concernant l'aspect monétaire des bitcoins en fixant une limite totale de 21 millions d'unités, qui devrait être atteinte d'ici 2140.

En effet, la création de nouveaux bitcoins est effectuée en tant que récompense pour chaque nouvelle page ajoutée au registre. Le choix aurait pu être de créer le même nombre de bitcoins à chaque page, ce qui aurait créé un système inflationniste, c'est-à-dire sans limites dans le nombre de bitcoins.

Le créateur de Bitcoin a proposé de réduire l'inflation de moitié tous les 210 000 blocs, soit environ tous les quatre ans. Concrètement, la récompense pour chaque bloc est divisée par deux. Cet événement est appelé le *halving*. Depuis 2009, quatre halvings ont déjà eu lieu, passant de 50 bitcoins par bloc jusqu'en 2013 à 12,5 en 2016, puis à 6,25 en 2020. Une nouvelle réduction aura lieu en juin 2024. Au moment de la rédaction de ce livre, près de 93 % des bitcoins ont déjà été mis en circulation. Ce choix consacre le principe de rareté numérique. Pour la première fois dans l'ère numérique, Bitcoin offre des unités de compte en limitant leur nombre, contrairement à tout ce qui peut être copié à volonté dans le monde numérique. Cette rareté explique aussi pourquoi le bitcoin est qualifié d'or numérique.

Proposer la récompense en bitcoins plutôt qu'en euros présente également une garantie de sécurité. Une attaque contre Bitcoin avec une puissance de calcul suffisante détruirait automatiquement la confiance dans Bitcoin et la valeur du bitcoin se verrait affectée. Cet exemple illustre la résilience du réseau Bitcoin, car une attaque de grande envergure nécessiterait un investissement massif pour s'emparer des bitcoins, qui n'auraient que très peu de valeur sans cette confiance. En somme, un braquage plus coûteux que le butin. Cette incitation économique pousse à être vertueux.

Décentralisation et sécurisation au détriment de la scalabilité

Le trilemme de Bitcoin pose une question fondamentale : comment combiner simultanément trois caractéristiques clés que sont la sécurité, la décentralisation et la scalabilité ? Cette question est au cœur des débats et des défis auxquels fait face le réseau Bitcoin depuis sa création. En effet, l'objectif de Bitcoin est de créer un système de paiement sécurisé, décentralisé et capable de traiter un grand nombre de transactions. Cependant, ces trois caractéristiques semblent incompatibles entre elles, ce qui crée un dilemme pour les développeurs et les utilisateurs de Bitcoin. Dans cette section, nous allons explorer plus en détail chacune de ces caractéristiques et les compromis nécessaires pour les atteindre.

Revenons sur les trois objectifs difficiles à concilier :

- **Sécurité :** elle est assurée par la preuve de travail, soit la concurrence entre les mineurs pour ajouter des blocs à la blockchain. La sécurité de Bitcoin doit être suffisante pour protéger les transactions et prévenir la tricherie.
- **Décentralisation :** l'objectif est de permettre à un grand nombre de participants de participer au réseau, avec une distribution géographique des participants entre autres critères. La gouvernance de Bitcoin est également un exemple de décentralisation, sans aucune entreprise ou

fondation qui ait le contrôle sur le projet. Toute évolution du code ou des règles du réseau doit maintenir un subtil équilibre entre les différentes parties prenantes telles que les utilisateurs, les développeurs et les mineurs. La recherche d'un consensus se fait par la codification de règles pour proposer de nouvelles versions du logiciel sous-jacent de Bitcoin, de la même manière que des règles internes sont établies à l'Assemblée nationale pour structurer toute initiative législative. Cette approche de gouvernance distribuée garantit que le réseau est dirigé par la communauté plutôt que par une entité centrale, et qu'il reste en phase avec les objectifs initiaux de Bitcoin.

- **Scalabilité :** la scalabilité est la capacité d'un système à gérer une augmentation de charge sans perte de performance. Pour un système de paiement, cela signifie la capacité à traiter un grand nombre de transactions en un temps donné sans ralentissement ou effondrement. Bitcoin, en raison de sa conception décentralisée et sécurisée, est limité en termes de scalabilité. La limitation de la scalabilité de Bitcoin est liée à la façon dont les transactions sont traitées et validées. Chaque transaction doit être vérifiée et validée par un mineur.

Le trilemme nécessite un choix structurant. Satoshi Nakamoto propose un compromis mêlant sécurisation et décentralisation. Traiter un grand nombre de transactions nécessite en effet de la centralisation. Ces notions semblent absolues, elles sont en réalité relatives comme nous le verrons dans le deuxième chapitre.

Il en résulte un réseau permettant de réaliser 15-20 transactions par seconde, bien loin des moyens traditionnels de paiement comme Visa ou Mastercard. Cette comparaison n'est pas des plus pertinentes, car ces deux entreprises sont construites au-dessus de réseaux bancaires et de banques centrales, contrairement à Bitcoin. La volonté des architectes qui l'ont développé depuis le début est de construire des réseaux avec d'autres compromis au-dessus de Bitcoin pour à la fois augmenter le nombre de transactions et diminuer les frais payés. Lightning Network est à ce jour une surcouche (ou deuxième couche) qui permet de faire des transactions tout en héritant de la sécurité du réseau principal.

Le Lightning Network est une solution de couche supérieure ou de « deuxième couche » qui a été développée pour améliorer l'évolutivité et l'efficacité des transactions sur le réseau Bitcoin. En termes simples, il permet d'effectuer des transactions rapides et peu coûteuses hors de la blockchain principale de Bitcoin. Au lieu d'enregistrer chaque transaction sur la blockchain, les utilisateurs peuvent ouvrir des canaux de paiement directs entre eux, qui enregistrent les soldes des participants.

Une fois qu'un canal de paiement est ouvert, les participants peuvent effectuer des transactions privées et instantanées entre eux, sans avoir besoin de les enregistrer sur la blockchain principale de Bitcoin. Les soldes des participants sont mis à jour en interne, et seule la transaction finale est enregistrée sur la blockchain.

Cela permet d'économiser du temps et des frais de transaction, car les transactions sur le Lightning Network sont réalisées hors chaîne et ne nécessitent pas de confirmation sur la blockchain principale à chaque fois. De plus, étant donné que les transactions se font directement entre les participants, elles sont généralement instantanées.

Le Lightning Network permet également d'effectuer des paiements en cascade. Par exemple, si deux personnes ne sont pas directement connectées par un canal de paiement, mais qu'elles ont des canaux ouverts avec d'autres participants du réseau, elles peuvent utiliser ces canaux intermédiaires pour acheminer leur paiement de manière transparente.

En définitive, le Lightning Network est une solution qui permet d'améliorer la rapidité et l'efficacité des transactions en les réalisant hors de la blockchain principale. Cela permet d'augmenter la capacité de traitement des transactions et de réduire les frais, de limiter le problème de scalabilité en contrepartie d'un compromis sur la sécurité. Celle de Bitcoin est d'un coût et d'un niveau trop élevés pour des petites transactions rapides.

L'adoption de Bitcoin et la question environnementale

L'adoption de Bitcoin soulève la question de son utilité, une question intrinsèquement subjective. Il est courant d'entendre des affirmations catégoriques telles que « Bitcoin ne sert à rien ». Cependant, il est important de remettre en question cet axiome et d'examiner de plus près les raisons qui poussent un grand nombre de personnes à adopter Bitcoin.

Selon une étude de Crypto.com (réalisée fin 2022), plus de 400 millions de personnes détiennent des cryptomonnaies, principalement du bitcoin. Il est intéressant de noter que la majorité des détenteurs de cryptomonnaies ne les acquièrent pas directement et ne le feront probablement jamais en raison des difficultés liées à la sécurisation efficace de leur clé privée.

L'adoption de Bitcoin se développe grâce à deux facteurs complémentaires. Tout d'abord, l'aspect financier joue un rôle essentiel. De nombreuses personnes voient en Bitcoin un moyen d'investir et de diversifier leur portefeuille. La rareté intrinsèque du bitcoin, sa demande croissante et sa volatilité en font une classe d'actifs attrayante pour de nombreux investisseurs.

Ensuite, l'adoption de Bitcoin trouve également sa place dans certains contextes politiques, économiques et énergétiques. Dans des pays où les systèmes financiers sont instables ou soumis à une inflation élevée, Bitcoin peut offrir une alternative plus sûre et plus résiliente.

En somme, l'adoption de Bitcoin repose sur une combinaison complexe de motivations financières, politiques, économiques et énergétiques. Alors que certains remettent en question son utilité, des millions de personnes à travers le monde voient en Bitcoin un moyen de diversification financière, de protection contre l'instabilité économique et une réponse aux enjeux énergétiques du futur.

L'investissement financier dans Bitcoin

L'investissement financier repose sur la spéculation autour de l'adoption de Bitcoin et de sa possible intégration dans le système économique traditionnel. Bitcoin, en tant qu'ovni numérique, peut être perçu sous différentes formes : or numérique, monnaie numérique ou réserve de valeur.

Selon une enquête IPSOS pour l'ADAN (une association française regroupant les acteurs du secteur des cryptos) et KPMG France, l'achat de bitcoins est principalement motivé par le désir de faire fructifier son épargne à court et long terme, bien avant des raisons plus idéologiques telles que la méfiance à l'égard des acteurs bancaires ou la protection de la vie privée.

La rareté numérique est un concept clé qui explique pourquoi certains sont pressés d'accumuler des satoshis, soit la plus petite unité du bitcoin (10^{8}, équivalant à 0,00000001 bitcoin).

Depuis sa conception jusqu'en 2023, la capitalisation boursière de Bitcoin a atteint 500 milliards d'euros, avec des fluctuations importantes à la hausse comme à la baisse. Plusieurs cycles se sont succédé, avec des variations allant de 3 000 à 69 000 dollars au cours des dernières années.

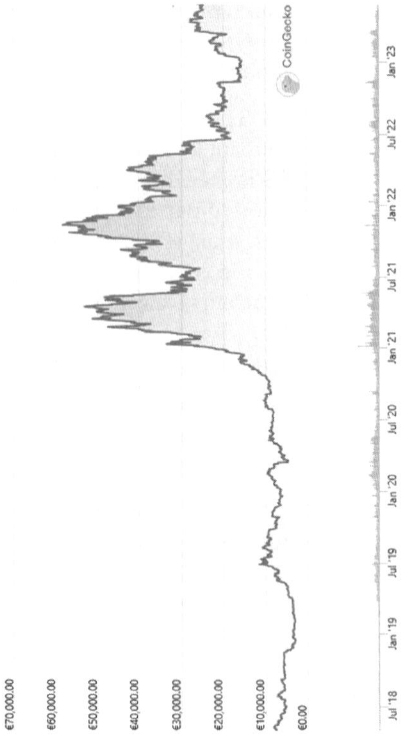

Prix du bitcoin sur les cinq dernières années. Source : Coingecko.

L'actif demeure volatil, mais cette volatilité explique également les rendements réalisés par ceux qui détiennent des bitcoins depuis plusieurs années. Comme le montre le graphique ci-dessus, la chute des cours depuis le sommet est brutale et entraîne des pertes pour certains investisseurs.

La valeur du bitcoin dépend entièrement de l'offre et de la demande des agents économiques. Cela signifie que son profil évolue en fonction des conditions macroéconomiques. Ainsi, le prix du bitcoin est influencé par des facteurs internes mais aussi externes. Par exemple, la réduction des liquidités sur les marchés financiers et la hausse des taux d'intérêt ont fortement impacté l'année 2022, avec une baisse du prix passant de plus de 60 000 dollars à 15 000 dollars. De manière contre-intuitive, l'arrivée de millions de nouveaux détenteurs de bitcoins peut n'avoir qu'une incidence limitée sur la valorisation de cet actif.

La valorisation du bitcoin a connu des pertes similaires à celles des valorisations d'entreprises technologiques à haut risque aux États-Unis en 2022.

Investir dans un actif à fort potentiel n'est donc pas aussi simple qu'on pourrait le penser. Certains acteurs font l'erreur de présenter des campagnes marketing trompeuses et exagérées. Prendre une telle décision doit tenir compte de plusieurs facteurs, tels que la compréhension de Bitcoin, le choix du meilleur intermédiaire, la sécurisation adéquate de ses bitcoins, et surtout du niveau de confort par rapport au montant investi.

Il est important de rappeler que tout investissement comporte des risques. Le choix de l'intermédiaire est crucial. Nous aborderons ce sujet plus tard en examinant la chute de la bourse de change FTX et d'autres acteurs frauduleux.

Un instrument de liberté et une alternative

L'utilité sociale de Bitcoin peut être observée à travers de nombreux exemples concrets qui se sont produits dans des contextes politiques et économiques spécifiques au cours des dix dernières années. Bitcoin propose un système de transfert de valeur sécurisé et numérique, mais son utilité varie en fonction de la géographie.

En France, il est courant d'entendre dire que Bitcoin ne sert à rien et qu'il est peu probable de voir un jour quelqu'un payer sa baguette de pain avec cette cryptomonnaie. Cela s'explique en partie par le fait que les Français ont la chance de vivre dans une démocratie libérale fonctionnelle, où la monnaie est relativement stable. De plus, le taux de bancarisation est élevé et les fintechs ainsi que les néo-banques proposent des systèmes de paiement rapides. Ainsi, l'adoption de Bitcoin par le grand public en France se limite souvent à un objectif d'investissement financier.

Cependant, il serait une erreur d'étendre ce raisonnement à l'ensemble de la planète. Environ 70 % de la population mondiale vit sous des régimes autoritaires en 2022. Les libertés politiques ne sont pas aussi répandues qu'on le souhaiterait. Dans de telles situations, Bitcoin peut partiellement répondre au besoin de liberté. Bien sûr, Bitcoin ne peut pas être considéré comme une solution miracle, mais il peut représenter une alternative. C'est une alternative au contrôle total de la valeur par un État omnipotent ou totalitaire, ou une alternative dans un contexte de crise financière et économique dans un pays. La recherche d'alternatives devient alors une question de vie ou de mort, créant une pression pour l'adoption de ces actifs numériques.

Il est donc important de reconnaître que l'utilité de Bitcoin peut varier considérablement en fonction du contexte géographique et des réalités politiques et économiques spécifiques.

L'Afghanistan et la cause des femmes

Roya Mahboub, première femme entrepreneure d'Afghanistan, a découvert Bitcoin en 2013. Elle a ensuite créé l'association Digital Citizen Fund en 2016 dans le but de former des milliers de femmes à l'informatique et à Bitcoi. Selon ses propres dires, l'accès à cette forme d'argent numérique lui permet de disposer de ses propres fonds sur son téléphone, sans dépendre des hommes, ce qui lui confère une certaine liberté.

Malheureusement, avec la prise de pouvoir des talibans, la population afghane est plongée dans un régime de terreur. Seule une infime partie de la population a pu fuir le pays, certains emportant avec eux leurs cryptomonnaies.

Les lanceurs d'alerte et la rétorsion politique

Edward Snowden et Julian Assange, tous deux lanceurs d'alerte, ont été confrontés à des menaces contre leur vie après avoir révélé des informations au grand public. Les autorités américaines ont pris des mesures de représailles pour les priver de ressources financières et bloquer leurs comptes bancaires. Les dons en bitcoins offrent une alternative pour disposer d'une valeur indépendante d'un tiers étatique qui serait contraint de se conformer aux décisions de justice américaines. Les lanceurs d'alerte sont parmi les personnes visées pour des raisons politiques.

Le Liban, une économie en ruine

Les pays européens et les États-Unis connaissent des taux d'inflation situés autour de 5 à 10 %, tandis que des pays comme le Liban subissent une inflation de plus de 120 % annuellement depuis 2020. Cette inflation entraîne une destruction massive de la valeur pour les Libanais. Avec trois années consécutives d'inflation à plus de 100 %, cela équivaut à une division par 10 du pouvoir d'achat. Les banques sont victimes de braquages par des personnes désespérées d'accéder à leur argent.

Dans ce contexte, le bitcoin peut servir de dernier recours pour accepter des paiements ou préserver la valeur dans le temps, malgré la baisse de son prix, qui reste inférieure à l'inflation observée. Certains habitants se tournent également vers le minage de Bitcoin en utilisant l'abondante énergie du barrage de la vallée de Bekaa.

L'exemple de l'Ukraine

L'invasion russe en Ukraine sonne comme le retour du tragique en Europe. Le gouvernement ukrainien a fait appel à la solidarité internationale en acceptant les dons réalisés en bitcoins notamment. Les comptes Twitter officiels du gouvernement (après vérification de l'absence de hack) ont partagé des adresses. Au total, presque 200 millions d'euros ont été collectés par ce biais. La somme paraît dérisoire par rapport aux dépenses nécessaires ou aux subventions étatiques. Néanmoins, le ministre Bornyakov chargé des questions numériques a fait part des observations suivantes :

- Les transferts prennent quelques dizaines de minutes, contre quelques jours avec le système traditionnel, et permettent ainsi d'engager des dépenses vitales dans l'immédiat.

- 60 % des fournisseurs acceptent des paiements en crypto
- La banque centrale a imposé un contrôle des flux pour éviter l'effondrement de la monnaie.

Au niveau des individus, des journalistes danois ont acheté sur place une voiture avec du bitcoin alors que les distributeurs à billet n'avaient plus de liquidité. Il en est de même pour quelques Ukrainiens qui ont fui le pays avec tout ou partie de leur épargne, soulignant ainsi la capacité de la cryptomonnaie à transcender les frontières. Le propos n'est pas de dire qu'il s'agit d'un phénomène massif, mais l'existence même de ces situations individuelles prouve son utilité sociale.

Le Salvador et le bilan mitigé de son adoption du bitcoin

Le Salvador a adopté le bitcoin comme monnaie ayant cours légal en septembre 2021. Ce choix imposé par la loi ne correspond pas à l'ethos originel de Bitcoin puisqu'il est imposé par un président au sein d'un pays autoritaire. L'adoption reste modeste sur place, mais le ton péremptoire de certains médias qui jugent cette mesure seulement un an après est tout autant exagéré. Dans le contexte salvadorien, les diasporas présentes partout dans le monde envoient de l'argent au pays. Des intermédiaires se placent au centre pour s'assurer de l'envoi de cet argent en échange d'un frais proportionnel à la somme envoyée. Environ 5 % de frais s'appliquent donc sur ces transferts. Le souhait est d'utiliser le bitcoin pour économiser virtuellement ces frais et donc recevoir plus d'argent. Seuls 2 % des transferts de fonds des migrants sont réalisés à ce jour avec la crypto. L'opportunité, réelle mais encore maigre, représenterait 370 millions d'euros, soit virtuellement 1,5 % du PIB du pays. Le pays contribue à la sécurisation de Bitcoin en utilisant la géothermie des volcans comme source d'énergie renouvelable afin de gagner du bitcoin contre ce travail.

La faillite de banques régionales aux États-Unis et le recours à l'infrastructure alternative

Entre mars et avril 2023, plusieurs banques régionales aux États-Unis ont fait faillite, prises en tenaille par deux mouvements puissants, à savoir une soudaine remontée des taux directeurs courant 2022 et une gestion du risque défaillante.

Ces événements ont mis en lumière le système de réserves fractionnaires. Concrètement, les banques se rémunèrent en utilisant les dépôts des clients pour des investissements dans des obligations d'État ou en accordant des crédits. Le décalage entre les dépôts par définition liquides et des investissements à long terme sur plusieurs années voire décennies implique que si tous les déposants voulaient récupérer tout leur argent en quelques instants, la banque ne pourrait pas les satisfaire. Il ne s'agit pas de critiquer ce système qui à bien des égards permet le financement de l'économie par l'accès au crédit, mais le risque d'une perte de confiance n'en existe pas moins. Ainsi, la Silicon Valley Bank, 17e plus grosse banque étasunienne, n'a pu honorer les demandes de retraits. Durant le week-end des 11 et 12 mars 2023, l'incertitude planait sur la possibilité d'avoir perdu l'accès à son argent et même d'en avoir perdu une partie.

Pendant ce week-end, Bitcoin sécurisait pour 30 milliards d'euros d'échanges en bitcoins avec 600 000 transactions, sur 326 blocs, 1 million d'adresses nouvelles étant créées et 2 036 bitcoins minés rémunérant les mineurs pour 40 millions d'euros au début de mars. Le tout s'est opéré alors que les banques étaient fermées, de manière auditable et transparente. Bitcoin faisait office d'alternative comme en 2013 à Chypre où tous les dépôts avaient été prélevés de 10 % pour éviter la faillite complète des banques. Bitcoin n'est donc pas seulement utile dans les pays non occidentaux…

La question environnementale et le minage de bitcoins

La question du minage est fondamentale. Certains détracteurs expliquent doctement que Bitcoin ne servant à rien, toute consommation d'énergie inutile est de trop. L'affaire est entendue. Avec toute la nuance nécessaire, l'utilité sociale de Bitcoin n'est plus à démontrer. D'autres contempteurs expliquent que d'autres cryptomonnaies (que nous traiterons dans le prochain chapitre) proposent des solutions plus respectueuses de l'environnement. Il convient de nuancer cette dernière position.

Nous avons décrit le minage dans la deuxième partie de ces pages consacrées à Bitcoin. Les machines utilisées pour miner, à savoir participer à une compétition informatique visant à sécuriser le réseau Bitcoin contre une récompense libellée en bitcoin, sont spécifiques. À mesure que le minage s'est industrialisé, des producteurs ont créé des machines taillées spécifiquement pour la participation à cette compétition. Si les puces dans nos ordinateurs font tous les types de calculs, les machines de minage également appelées ASICS ne savent faire efficacement que du calcul sur Bitcoin.

En termes simpliste, les mineurs minent du bitcoin et payent des machines et l'électricité représentant un coût variable.

Concernant la partie matériel, une recherche d'efficacité pousse à innover, par exemple en disposant les machines dans un fluide de refroidissement pour éviter la chaleur et le besoin de ventiler, donc la consommation de plus d'énergie. Certaines avancées technologiques essaiment dans d'autres industries, notamment l'intelligence artificielle, consommatrice de ressources informatiques.

Sur le volet énergétique, cette industrie du minage est donc en recherche constante d'une énergie peu onéreuse. L'énergie la moins chère est par définition celle dont la production est plus importante que sa consommation, puisqu'elle ne peut être stockée. Les infrastructures qui produisent de l'énergie sont bien souvent surdimensionnées par rapport à la consommation. En effet, il est impossible de créer un équilibre entre offre et demande, la demande étant changeante selon différents facteurs. Dès lors, le problème n'est pas tant la consommation d'électricité que la manière dont elle est produite. Une pression pousse cette industrie vers les énergies renouvelables, non pilotables et abondantes, contrairement à l'électricité provenant d'énergies fossiles trop coûteuses et qui se raréfient. Bitcoin pourrait agir comme un talon de consommation, c'est-à-dire rentabiliser l'énergie non consommée par les individus et les entreprises pour le minage, en l'injectant dans le réseau quand elle est nécessaire.

L'État du Texas par l'entremise du gouverneur Abbott a mis en place depuis 2021 un plan qui met à profit son potentiel solaire pour attirer les investissements dans le minage de bitcoins et ajouter de l'énergie au réseau quand cela est nécessaire. Un épisode hivernal en janvier 2023 a montré des premiers effets de cette politique avec l'arrêt des fermes de minage nouvellement créées pour soutenir le réseau. Il faudra juger dans le temps cette politique et réaliser un bilan.

Le parc de Virunga en République démocratique du Congo utilise le minage de bitcoins avec un barrage pour financer les dépenses du parc. Ces recettes permettent de faire vivre une équipe face aux braconniers notamment.

D'après le Bitcoin Mining Council, en 2023, plus de 60 % de l'énergie consommée provient de sources renouvelables. Ce taux augmente d'année en année. Certains pays comptent encore des fermes de minage avec des énergies fossiles, notamment du charbon, du fait de subventions étatiques ou du faible coût. Celles-ci devraient devenir désuètes à mesure que les prix augmentent.

L'industrie du minage n'est pas géo-dépendante et peut se relocaliser ailleurs en quelques semaines, en quête de lieux où l'énergie non stockable est perdue. Le bannissement du minage en Chine en 2020 a vu le taux de calcul (dit *hashrate*) divisé par deux. Ses machines ont migré principalement aux États-Unis et dans d'autres pays, d'où une sécurité qui s'est accrue depuis et battant des records en 2023.

La hausse des prix de l'énergie par suite de la guerre en Ukraine questionne les modèles. Certaines industries dans l'agroalimentaire dont le besoin de chaleur est constant pourraient utiliser le minage de bitcoins avec à la clé des modèles gagnant-gagnant pour l'industriel et le gestionnaire de la ferme du minage.

Enfin, une autre opportunité sur le plan environnemental contribue à réduire les griefs que l'on peut faire à Bitcoin. Le torchage de gaz (dit *gas flaring*) est l'action de brûler le méthane en dioxyde de carbone lorsque du gaz est extrait du sous-sol. Ce méthane est vingt fois plus polluant pour l'atmosphère que le Co_2. Les producteurs et extracteurs d'hydrocarbures pourraient utiliser ce torchage pour miner du bitcoin au pied de ces sources d'énergie. Conoco Phillips et Exxon travaillent en ce sens. Virtuellement, le torchage suffirait à sécuriser huit fois l'entièreté du réseau Bitcoin.

La question environnementale est donc bien plus complexe qu'il ne paraît. Plutôt que d'être un problème, Bitcoin pourrait être une des solutions utiles à l'obligatoire transition énergétique vers des modèles plus vertueux.

L'INTERNET DE LA VALEUR : L'ÉCHANGE D'ACTIFS NUMÉRIQUES

Les différentes infrastructures « blockchain »

Il y a blockchain et blockchain

Dans la première partie de ce livre, nous avons exploré le fonctionnement de Bitcoin. Jusqu'à présent, le terme *blockchain* a été étroitement associé à ce réseau. Cependant, il est important de noter que le mot a émergé après Bitcoin et qu'il n'a pas de signification précise en soi.

Le terme *blockchain* peut recouvrir différentes réalités. Par exemple, une blockchain privée est un réseau privé et distribué entre un nombre limité d'acteurs. Dans ce cas, la transparence et les droits d'écriture ne sont pas garantis pour un acteur tiers. La différence entre une blockchain publique et une blockchain privée est comparable à celle qui existe entre Internet (public) et un intranet (privé).

La confusion entre ces deux concepts a commencé à se manifester vers 2015, lorsque quelques médias ont cherché à dissocier les termes de blockchain et de Bitcoin. L'objectif était de créer un concept abstrait de la blockchain, vidé de son essence et notamment de la partie concernant le bitcoin indispensable à la sécurisation de Bitcoin. L'intérêt était de promouvoir les avantages de la blockchain en tant que registre capable d'enregistrer des informations non financières, comme la traçabilité de poulets, de diamants ou des conteneurs issus du transport maritime. De nombreux consortiums ont été créés autour de ces sujets de traçabilité, utilisant le terme *blockchain* ou l'acronyme DLT (*Distributed Ledger Technology*), qui signifie « registres distribués ».

Cependant, en pratique, cette architecture peut se réduire à de simples tableurs Excel partagés entre quelques acteurs, sans apporter de véritable innovation. Ces consortiums, bien qu'annoncés avec fracas, ont connu un déclin au fil des années. Les problèmes auxquels ils ont été confrontés étaient liés à la coopération entre acteurs concurrents et à la circulation des données entre eux, plutôt qu'à des problèmes techniques ou technologiques. Au cours des trois dernières années, les sujets liés aux cryptoactifs ont supplanté le discours « Blockchain, pas Bitcoin », qui était devenu marginal et discordant. La plupart de ces consortiums sont désormais passés sous les radars. Par exemple, B3i, qui visait à créer une collaboration dans le domaine de l'assurance avec de nombreux acteurs tels qu'Allianz ou MunichRe, a cessé ses activités en 2022, faute de financement.

Il existe de nombreuses blockchains publiques avec des propositions de valeur différentes et des caractéristiques qui leur sont propres. Bitcoin est la première d'entre elles, et d'autres ont vu le jour à partir de 2010. Les premières alternatives étaient des copies de Bitcoin avec de légères différences, telles que le temps entre les blocs ou le nombre de jetons en circulation, entraînant ainsi des économies différentes. En effet, si le cahier de transactions et le code informatique sont publics, alors il devient aisé de le copier et de le modifier à sa guise avec à la clé une nouvelle blockchain.

Tout comme il est facile de créer son propre site Internet à partir d'exemples existants, n'importe qui peut créer sa propre blockchain publique. Il est donc essentiel de faire preuve de prudence face au terme *blockchain* s'il n'est pas accompagné d'une description spécifique de ce à quoi il se réfère.

En 2023, certaines architectures de blockchain se démarquent des autres. Nous allons en décrire quelques-unes pour illustrer la diversité des choix qui ont été à l'origine de leur création. Leurs philosophies peuvent différer de celle de Bitcoin autant dans les choix faits que dans les paramètres de création de la cryptomonnaie.

Toute blockchain est la résultante d'un compromis

Le diable est effectivement dans les détails, surtout en ce qui concerne l'infrastructure blockchain. Chaque choix technique est réalisé pour atteindre certains objectifs. Par exemple, l'ambition de Bitcoin est de permettre le transfert de bitcoins de manière sécurisée et sans intermédiaire. Pour ce faire, Bitcoin mise sur la décentralisation, qui est une des conditions pour garantir la sécurité du réseau. Cette décentralisation est rendue possible grâce à la redondance des données, c'est-à-dire que de nombreuses copies du registre sont détenues par divers participants au réseau.

Toutefois, ce mode de fonctionnement redondant n'est pas adapté à toutes les situations. La centralisation n'est pas intrinsèquement bonne ou mauvaise, elle peut même être souhaitable dans de nombreux cas pour assurer l'efficacité dans divers domaines.

Quant à la décentralisation, elle a un coût. La redondance des transactions implique de sacrifier l'efficacité d'un ou de quelques acteurs au profit de la lenteur de dizaines de milliers d'entités qui communiquent entre elles. Il est important de préciser que l'utilisation des termes *centralisation* et *décentralisation* n'est pas binaire, mais indique plutôt une échelle avec des blockchains qui sont plus ou moins centralisées ou décentralisées selon de nombreux critères différents.

De plus, cette décentralisation peut être progressive, dans un sens comme dans l'autre. La comparaison entre le Bitcoin des premiers jours, qui ne comptait que quelques ordinateurs, et le réseau en 2023 illustre bien cette notion. Il est donc crucial d'éviter une définition trop figée lorsqu'il s'agit de blockchain et de décentralisation, et de considérer des tendances.

La complexité des choix techniques et la sécurité des blockchains mettent en évidence l'importance de comprendre les détails de ces technologies avant de les adopter ou de les utiliser. Ces choix ont un impact direct sur l'efficacité, la sécurité, la décentralisation, ce qui peut avoir des conséquences importantes sur son utilisation finale.

Le choix risqué de réduire la durée entre les blocs ou d'augmenter leur taille

Il est essentiel de comprendre pourquoi une durée de dix minutes entre chaque page du cahier (bloc) est retenue, et non une durée plus courte comme une seconde, pour Bitcoin. L'argument principal est lié à la sécurité. En théorie, si la sécurité d'une blockchain dépend du nombre de participants, il est préférable de limiter la quantité d'information transmise en un bloc, tout en laissant suffisamment de temps entre deux blocs pour minimiser les besoins en débit de connexion Internet et en matériel informatique. Ces deux caractéristiques ont une incidence sur le coût nécessaire pour participer au réseau. En effet, réduire le temps entre deux blocs à une seconde pourrait avoir pour effet de limiter le nombre de participants du réseau, ce qui conduirait à une concentration des acteurs du fait de ce ticket d'entrée trop élevé pour le grand public.

La position de Bitcoin est particulière et radicale par essence. Une partie de la communauté tient à conserver les principales règles du réseau datant de la constitution écrite par Satoshi Nakamoto. La question de l'augmentation de la taille des blocs a été l'un des plus grands débats qui ont animé la communauté entre 2016 et 2018.

Ces débats qualifiés symboliquement de « guerre pour la taille des blocs » ont abouti à la scission du réseau avec Bitcoin Cash et ses règles propres. Bitcoin Cash est une blockchain alternative, qui possède le mot Bitcoin dans le nom sans avoir aucun rapport avec Bitcoin et qui tire sa naissance de cette guerre. Les blocs de Bitcoin Cash possèdent une taille huit fois plus importante que ceux de Bitcoin actuellement. Premièrement, augmenter la taille des blocs ne fait pas de Bitcoin Cash une blockchain usitée et donc intéressante à étudier. Le projet est en état de mort cérébrale, avec peu de développeurs, d'utilisateurs ou de mineurs. Deuxièmement, limiter le nombre de participants du réseau pour augmenter théoriquement le nombre de transactions d'un facteur de huit ne fait que déplacer le problème au profit d'un compromis onéreux en matière de décentralisation.

À ce jour, Bitcoin à son plein potentiel permet de réaliser presque 5 000 transactions toutes les 10 minutes, soit 8,5 transactions par seconde. Il semble évident que plus de 8 transactions par seconde n'est pas suffisant, et cela est aussi vrai de 64 transactions par seconde. Le passage à une charge plus conséquente provient de compromis différents afin de ne pas affaiblir la fondation. Il s'agit pour Bitcoin du Lightning Network évoqué dans le premier chapitre. Rien de durable ne peut être construit sur un sol meuble et sujet à des accidents, d'où la logique de disposer d'une fondation des plus solides afin de construire des surcouches par-dessus. Ces solutions de couches secondaires, voire tertiaires, apparaissent depuis 2018 pour Bitcoin et 2022 pour Ethereum notamment et commencent à être de plus en plus usitées avec la promesse d'avoir des frais modestes en conservant une sécurité (à terme) suffisante. Nous explorerons ce sujet dans la section sur Ethereum.

La clé demeure le consensus social qui pourrait trouver un accord visant à augmenter la taille des blocs peu à peu. Ce choix comporte son lot de risques, et peut être tout autant refusé légitimement.

La question du consensus : de la preuve de travail à la preuve d'enjeu

Le consensus, comme nous l'avons vu dans le chapitre précédent à propos de Bitcoin, revient à créer un accord entre parties prenantes nécessairement inconnues. La preuve de travail repose sur une compétition de mathématiques énergivore, en contrepartie d'une sécurité toujours plus importante. Cependant, la communauté n'a eu de cesse d'explorer différentes pistes afin d'essayer d'atteindre cet objectif sans cette consommation d'énergie.

Outre quelques méthodes marginales, une deuxième grande sorte de consensus s'est développée. Il s'agit de la preuve d'enjeu. Ce mécanisme existe sous différentes variantes (détaillées ci-dessous) et se fonde sur l'économie plus que sur le calcul intensif. En effet, le validateur (et non plus le mineur) prend part à la validation des blocs à condition d'avoir mis « en jeu » une valeur en contrepartie. Cette contrepartie est libellée dans la cryptomonnaie de la blockchain, et agit comme une caution de la bonne conduite de l'acteur en question. L'image de la caution est une illustration simplifiée. Lors de la location d'un appartement, le chèque de caution vise à prévenir une éventuelle dégradation des lieux et permet de vous inciter à les respecter. En cas de litige, le chèque sera encaissé. Il en est de même avec les blockchains dites à preuve d'enjeu. Dans le cas où le travail de création des nouveaux blocs est bien fait, le validateur touche les frais de transactions de toutes les inscriptions au registre ainsi que de la création monétaire. À l'inverse, des pénalités sur la contrepartie peuvent réduire le capital initial si d'aventure les blocs ne sont pas valides, ou que le validateur n'est plus connecté au réseau.

Plus concrètement, pour devenir validateur, une entité immobilise une somme en cryptomonnaies correspondant à la règle du protocole. En échange, il dispose d'un numéro de validateur lui étant propre. Tiré au sort, le validateur construit un bloc à partir des transactions en attente, sous le contrôle d'autres validateurs. Cet acteur touche alors des récompenses ou récolte des pénalités. Nous retrouvons le bon vieux principe de la carotte et du bâton (qui n'existe pas dans la preuve de travail).

Les différentes chapelles défendent l'une ou l'autre manière de créer du consensus. Voici la position d'équilibre la plus objective : la preuve de travail de Bitcoin apporte une sécurité fondamentale à Bitcoin, la preuve d'enjeu doit encore faire montre d'une robustesse sur le temps long. Ainsi, comparer ces consensus demeure théoriquement intéressant mais nécessite d'analyser dans la pratique la blockchain sous-jacente. Par exemple, Verge, blockchain à preuve de travail, n'est pas suffisamment sécurisée, d'où plusieurs attaques au cours des dernières années avec, pour résultante, des pages du cahier modifiées *a posteriori*.

En tout cas, sur le plan théorique certaines faiblesses peuvent être identifiées au sujet de la preuve d'enjeu :

- La preuve d'enjeu renforcerait les plus riches détenteurs du jeton de protocole, tandis qu'avec la preuve de travail les jetons circulent puisque les mineurs vendent afin de couvrir les coûts en électricité ou en machinerie.

- Se pose aussi le problème du « *nothing at stake* » (rien à perdre) : en cas de conflits sur un réseau, le validateur peut jouer sur tous les tableaux en ajoutant de la confusion, alors qu'un mineur ne peut allouer qu'une fois sa précieuse puissance de calcul.

Comme nous le verrons ci-dessous avec quelques fiches d'identité des projets les plus connus ou dans la partie sur Ethereum, des variations existent au niveau de la preuve d'enjeu et peuvent changer les dynamiques à l'œuvre en matière de décentralisation.

L'économie du jeton : un équilibre entre les parties prenantes et selon les temporalités

Bitcoin met en exergue le caractère technique et économique entourant un réseau dit blockchain. L'économie du jeton prend une part importante dans la recherche d'un équilibre selon la typologie des acteurs et des temporalités. À l'aune des nombreuses blockchains existantes, les différentes économies de jetons sont autant d'objets d'étude.

La célébrité de l'économie du bitcoin tient pour beaucoup à cette idée géniale qui est de limiter le nombre à 21 millions d'unités. Cette idée participe à l'édification d'un consensus social, outre l'intérêt de pouvoir transférer de la valeur par la demande que cela peut générer. L'idée sous-jacente est de limiter la dilution. La dilution signifie que la proportion relative détenue se réduit dans le temps. De prime abord, il vaut mieux détenir un bitcoin, connaissant sa limite de 21 millions, que posséder une unité dont le nombre pourrait être infini.

Les choix de conception sont critiques, et une mauvaise économie peut grever l'avenir d'un projet. Par extension, modifier plusieurs fois les paramètres de cette économie peut aboutir à une perte de confiance. La question du consensus social à un instant donné n'est donc pas une science exacte, les meilleurs projets ou économies ne s'imposent pas nécessairement.

FOCUS SUR LA NOTION DE DILUTION

Prenons l'exemple d'un jeton fictif intitulé A. Il existe 1 000 jetons à la création, à un prix unitaire de 10 euros. Admettons que dans dix ans, dix fois plus de jetons circuleront, soit 10 000. Avec 100 jetons initialement, un détenteur s'arroge 10 % du total pour une valeur de 1 000 euros. En projetant la même valeur de marché à dix ans, il ne détient plus que 1 % et 100 euros. Toute la question est de savoir si la demande sur les dix ans a excédé l'offre de jetons. Cette économie du jeton doit garantir la pérennité de l'infrastructure en attirant assez d'utilisateurs, et ce avec une valorisation couvrant au minimum les coûts pour qui veut devenir validateur ou mineur. Plus que le seuil de rentabilité, l'entité cherche la solution la plus rentable.

Une diversité de logiciels, ou « clients »

L'existence de plusieurs logiciels (ou *clients*, terme informatique) pour interagir avec la blockchain est cruciale pour maintenir cette décentralisation. La décentralisation se situe à tous les niveaux d'un projet pour être complète. Il est courant de dire que la sécurité informatique d'un projet est équivalente à celle de son maillon le plus faible. Cette image peut être reprise dans le contexte de décentralisation.

Si toutes les composantes d'un projet garantissent de la décentralisation et qu'il n'existe qu'un seul logiciel pour faire tourner la blockchain, alors tout l'édifice devient à risque en cas de bug ou de problème. Avoir plusieurs clients contribue à la robustesse du réseau.

De plus, la présence de différents clients permet à différentes parties prenantes de participer à l'écosystème de la blockchain selon leurs préférences et leurs besoins spécifiques. Chaque client peut avoir des fonctionnalités ou des interfaces différentes, ce qui offre aux utilisateurs une plus grande liberté de choix.

Enfin, plusieurs clients assurent un équilibre de pouvoir dans l'écosystème. Si un seul dominait, son équipe de développement pourrait éventuellement imposer des changements non désirés ou agir de manière centralisée. Avec plusieurs clients, aucun acteur unique ne peut contrôler le réseau, ce qui est conforme à l'idéal décentralisé de la blockchain.

Description de quelques blockchains connues et de leurs caractéristiques propres

Nous avons vu quelques aspects d'une blockchain publique :

- Le choix de la taille des blocs ;
- La méthode de consensus ;
- Une économie du jeton ;
- La diversité des logiciels, ou clients.

Nous pouvons à présent détailler succinctement quelques projets parmi les plus connus afin d'illustrer la variété des choix effectués. La thèse la plus probable est qu'il y aura une concentration à terme autour de quelques infrastructures tant la sécurité et l'usage convergeront vers un petit nombre en vertu des effets de réseaux notamment. Bitcoin semble être une certitude pour les usages précédemment décrits. Le jeu demeure ouvert pour les autres blockchains avec une proposition de valeur différente.

Le choix ci-dessous est subjectif et vise à démontrer les différences originelles, et ne reflète pas du tout des préférences personnelles de l'auteur.

L'objet de ces blockchains est de créer une infrastructure qui permette d'augmenter la complexité des transactions financières grâce aux *smart contracts*. Ce sujet est traité dans la section suivante. De plus, Ethereum fera l'objet d'une sous-partie entière étant donné sa position particulière de deuxième blockchain en termes de valorisation ou d'usage.

Toutes les blockchains ne se valent pas, et certains choix d'architecture se démarquent déjà des autres. L'effervescence causée par la nouveauté du secteur crée aussi des opportunités économiques. Dès lors, les investisseurs ont apporté des milliards de capital afin de créer différentes infrastructures. Toutes ne sont pas vouées à être pérennes ou à s'imposer.

Ethereum :

- Créé en 2015 par Vitalik Buterin, ancien rédacteur notamment de *Bitcoin Magazine*
- Financement initial : 16 millions d'euros en levée de fonds en bitcoins
- Passage de la preuve de travail à la preuve d'enjeu depuis septembre 2022
- Plus de 700 000 validateurs, plus de 22 millions d'ethers (ETH) en garantie (18 % du total en circulation), soit plus de 36 milliards d'euros au total en garantie
- Politique économique du jeton qui a changé de nombreuses fois et qui vise à trouver un équilibre assurant une stagnation ou une déflation du nombre d'ethers, avec environ 0 à 1 % de réduction de la circulation
- Plus de 230 millions d'adresses avec une balance supérieure à 0
- Environ 1,2 million de transactions par jour, soit la capacité quasi maximale

- Valeur totale dans les applications financières : 25 milliards d'euros

Ethereum est dominant autant en termes de sécurité que de valeur en jeu ou d'utilisation.

Solana :

- Créé en 2017 par Anatoly Yakovenko et Raj Gokal
- Financement initial : 22 millions d'euros levés lors de diverses ventes de jetons sur plusieurs tours
- Mécanisme ressemblant à la preuve d'enjeu
- Environ 2 000 validateurs, 70 % des jetons en garantie, mais seuls 33 validateurs ont le pouvoir de « stopper la chaîne »
- Inflation dégressive, 8 % actuellement avec une baisse annuelle
- Plus de 1 million de *wallets* (portefeuilles) actifs
- Environ 500 000 transactions par jour
- Valeur totale dans les applications financières : 270 millions d'euros

Solana avec un compromis très agressif en faveur de la scalabilité au détriment de la décentralisation a connu plusieurs épisodes d'arrêt à la suite de problèmes sur la chaîne. La valeur sur cette blockchain s'est effondrée au sortir du cycle 2020-2021 pour atteindre 0,27 milliard d'euros.

BNB Chain :

- Créé en 2019 par Binance
- Financement initial : autofinancé par Binance
- Preuve d'enjeu avec un mécanisme centralisé pour la validation des transactions
- 21 validateurs participant à la validation des blocs sur le réseau
- Limite de 200 millions de BNB, destruction de jetons pour réduire la circulation en fonction des résultats économiques de Binance (la plateforme d'échange crypto)
- Plus de 2 millions de wallets actifs
- Environ 900 000 transactions par jour

- Valeur totale dans les applications financières : 4,3 milliards d'euros

La BNB Chain propose des transactions peu coûteuses, ce qui en fait une chaîne très utilisée ; en contrepartie, la sécurité dépend de 21 validateurs.

Cosmos :

- Créé en 2019 par Tendermint Inc.
- Financement initial : 16 millions d'euros levés lors de l'ICO (*Initial Coin Offering*, « offre initiale de jetons ») en 2017
- Preuve d'enjeu
- 170 validateurs, environ 70 % des jetons en garantie
- Inflation entre 7 % et 20 % pour maintenir un taux de jetons en garantie de 67 %
- Environ 200 000 wallets actifs
- Environ 100 000 transactions par jour
- Valeur totale dans les applications financières : 0,95 milliard d'euros répartis entre plusieurs infrastructures (Cronos, Kava, etc.)

Cosmos propose une architecture un peu différente des autres chaînes en faisant office de hub pour des infrastructures tierces qui bénéficient de sa sécurité.

Tezos :

- Créé en 2018 par Arthur et Kathleen Breitman
- Financement initial : 210 millions d'euros levés lors de l'ICO en 2017
- Preuve d'enjeu dite liquide qui permet une gouvernance directement sur la chaîne
- Environ 400 validateurs (nommés boulangers pour souligner l'origine française du projet), 72 % des jetons en garantie
- Inflation autour de 5,5 % par an, récompenses pour les validateurs et délégataires de fonds
- Plus de 300 000 wallets actifs
- Environ 30 000 transactions par jour
- Valeur totale dans les applicatifs financiers : 0,05 milliard d'euros

Tezos tente depuis plusieurs années de proposer des nouveautés techniques élégantes mais ne bénéficie pas d'un écosystème suffisant pour détrôner Ethereum, et fait preuve d'une difficulté à attirer des développeurs pour construire au-dessus de cette fondation.

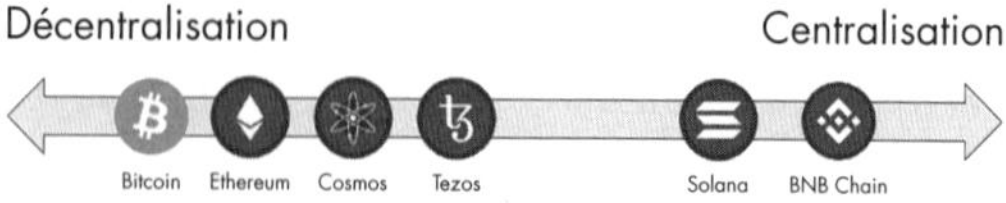

De manière simpliste et subjective, ce schéma positionne les différentes blockchains selon l'axe décentralisation et centralisation pour illustrer le nombre de propositions techniques et économiques différentes.

La tokenisation de la valeur

Dans le monde de Bitcoin, comme nous l'avons vu, la valeur est l'unité de compte bitcoin assurant la sécurisation du réseau. Bitcoin est l'infrastructure, bitcoin l'unité de compte.

Cette valeur indépendante peut être une « monnaie » si des agents économiques l'acceptent, mais elle est surtout de l'or numérique couplé à une éventuelle réserve de valeur. Internet a mis trente ans avant de s'imposer avec des contours que l'on ne pouvait soupçonner auparavant.

Cependant, il convient d'élargir la définition de *valeur* et de tenter de décrire les formes qu'elle peut prendre. À ce titre, la valeur n'est pas seulement monétaire, bien au contraire.

Une vieille carte Panini de Platini peut s'échanger des années plus tard, en raison d'une demande de la part de collectionneurs avides de stickers de collection authentiques. Dans le monde de la finance, la notion de valeur peut prendre aussi bien la forme d'une obligation que d'une action ou d'une part dans un fonds d'investissement, par exemple.

Tous ces types de valeur peuvent avoir leur représentation circulant sur l'infrastructure que représente la blockchain. Sur ces blockchains, il est possible de conférer à des actifs les qualités d'une crypto (telle que bitcoin), accessible partout sur terre avec une connexion Internet et un smartphone, divisible, cessible, disponible 24 heures sur 24 et 7 jours sur 7. L'infrastructure transforme dès lors la manière dont cette valeur se conserve, s'échange ou s'utilise.

Le principe de smart contract : la programmabilité de la valeur

La description de l'usage de Bitcoin et des quelques autres projets se borne à mettre en valeur des transactions simples. Chaque ligne du registre Bitcoin pourrait donc ressembler à ceci : Alice envoie 10 bitcoins à Bob. La numérisation de la valeur ouvre la voie à une complexification des transactions via des algorithmes.

Ainsi, plutôt que de faire à la main plusieurs transactions récurrentes, le concept de programmabilité permet d'automatiser l'exécution de celles-ci. Très simplement, si votre employeur voulait envoyer une crypto à ses employés à la fin du mois en guise de paiement, la personne en charge de la paie pourrait envoyer autant de transactions qu'il y a de salariés. Le principe de programmabilité s'applique avec du code informatique qui procède à la répartition entre tous avec une seule transaction originelle. Cette transaction consiste à envoyer la somme totale de la paie dans un premier temps, le code se charge dans un second temps de procéder aux envois à tous les salariés en respectant la clé de répartition. Pour ce faire, l'entreprise a déployé du code informatique hébergé sur le cahier de transactions, sur la blockchain via une transaction.

Ce concept de programmabilité repose sur l'utilisation de « contrats intelligents » (*smart contracts*). La dénomination est trompeuse puisqu'il ne s'agit pas d'un contrat au sens juridique, et encore moins d'intelligence dans le cas d'algorithmes.

Les smart contracts sont des programmes informatiques déployés sur une blockchain, qui s'exécutent automatiquement lorsque certaines conditions sont remplies. Ces contrats permettent non seulement de complexifier les transactions dans l'exemple donné, mais aussi de créer des applications décentralisées (dApps).

Les smart contracts offrent plusieurs avantages, notamment en termes de sécurité, de transparence et d'efficacité. Les transactions réalisées via des smart contracts sont enregistrées de manière immuable sur la blockchain et sont visibles par toutes les parties prenantes. Cela garantit une plus grande confiance entre les différentes parties (en capacité de les lire ou de croire un tiers qui en a fait l'audit et la lecture).

En outre, sur le plan théorique, les smart contracts peuvent éliminer les intermédiaires, tels que les banques et autres institutions financières, réduisant ainsi les coûts et les délais de traitement des transactions. Par exemple, les transactions internationales, qui nécessitent habituellement plusieurs jours pour être traitées, peuvent être exécutées en quelques minutes grâce aux smart contracts. La réalité est que leur utilisation peut désintermédier certains acteurs mais pas toute la chaîne de valeur. Les banques vont évidemment continuer d'exister mais certainement avoir recours à cette infrastructure.

Dans le système traditionnel de paiements internationaux, la compensation est souvent réalisée par l'intermédiaire de banques correspondantes. Ce processus peut être lent, coûteux, et manquer de transparence en raison de la multiplicité des intermédiaires impliqués.

Supposons qu'une entreprise française, Entreprise A, doive effectuer un paiement de 10 000 euros à une entreprise américaine, Entreprise B. Dans le système traditionnel, l'Entreprise A enverrait l'ordre de paiement à sa banque, qui passerait par plusieurs banques correspondantes pour effectuer la transaction. Ce processus pourrait prendre plusieurs jours et entraîner des frais de transaction élevés.

En utilisant ces programmes informatiques pour la compensation des paiements internationaux, le processus devient plus rapide, plus transparent et moins coûteux. La transaction pourra être réalisée en quelques minutes plutôt qu'en plusieurs jours, et les frais seront considérablement réduits. De plus, les deux entreprises bénéficieront d'une traçabilité accrue et d'une plus grande confiance grâce à la nature immuable et transparente de la blockchain.

L'utilisation des smart contracts ne se limite pas à la finance et aux paiements. Ils peuvent également être utilisés pour créer des systèmes de vote décentralisés, des plateformes d'échange décentralisées ou encore des marchés de biens numériques, comme les objets de collection numériques.

Cependant, il est important de noter que la programmabilité des transactions présente des risques importants. Comme la liberté d'accès à la blockchain permet à tout un chacun de déployer son propre smart contract, toute erreur de programmation ou vulnérabilité dans le code peut être exploitée par des acteurs malveillants, ce qui entraîne des pertes financières et des problèmes de confiance. Nous donnerons quelques exemples de failles aux conséquences graves lorsque nous aborderons le concept de finance décentralisée. Globalement, les pertes à cause de smart contracts trop complexes ou frauduleux avoisinent les 5 milliards d'euros.

Bitcoin et les smart contracts

Il est important de noter que Bitcoin possède aussi un langage de programmation qui permet la création de certains types de smart contracts, bien que ce langage soit moins flexible que celui d'Ethereum. Ce choix procède toujours de la même tendance conservatrice. Pour simplifier, Ethereum possède un langage de programmation dit « Turing-complet », c'est-à-dire capable de faire des boucles et de résoudre n'importe quel problème.

Les smart contracts sur Bitcoin sont principalement utilisés pour des cas spécifiques tels que les transactions multisignatures (ou « multisig »). Il s'agit de transactions qui nécessitent l'approbation de plusieurs parties avant d'être validées. Les multisignatures peuvent être utilisées, par exemple, pour sécuriser les fonds dans une entreprise où une dépense doit être approuvée par plusieurs parties avant d'être réalisée, et non dépendre d'une personne qui peut partir avec le magot.

Cependant, à cause de la nature limitée du langage de script de Bitcoin, certaines fonctionnalités avancées des smart contracts, comme celles disponibles sur Ethereum, sont impossibles à exécuter. Par conséquent, bien que Bitcoin puisse supporter des smart contracts dans une certaine mesure, il n'est généralement pas considéré comme une plateforme pour le développement d'applications décentralisées. Cette petite nuance ne signifie pas pour autant qu'il ne sera jamais possible de créer de telles applications dans l'environnement Bitcoin, comme en témoigne le développement du projet RGB sur des couches de deuxième niveau notamment. Directement dans Bitcoin, depuis début 2023, une manière détournée permet de créer des similiNFT (voir ci-après) appelés artefacts numériques, sans avoir la même liberté que sur des blockchains spécifiques.

Taxonomie des « jetons »

Ainsi, une classification est à réaliser pour sortir du terme généraliste et globalisant de crypto. La taxonomie des actifs est la première brique qui permet d'apprécier et de distinguer les projets. Pour ce faire, le terme de jetons sera dans cette partie usité. Plus neutre, ce terme met de côté la question de savoir si tel actif (qui n'est pas une monnaie fiduciaire) peut être une monnaie, selon la définition d'Aristote, et autres débats sempiternels entre keynésiens.

Deux grandes caractéristiques sont structurantes dans cet exercice de classification :

- Un actif peut être **natif du monde crypto**, ce qui signifie qu'il a son existence propre sur la blockchain, ou **non natif**, telle une représentation d'une action de l'entreprise LVMH.
- **Un actif fongible**, comme deux pièces de 1 euro que l'on pourrait échanger, ou **non fongible**, comme deux tableaux d'artistes différents.

FOCUS
SUR LA NOTION DE FONGIBILITÉ

La fongibilité est une caractéristique des biens ou des actifs dont les unités individuelles sont essentiellement interchangeables. Par exemple, considérons une pièce de 1 euro. Si vous prêtez cette pièce à un ami, vous n'attendez pas la même pièce en retour. Toute pièce de 1 euro fera l'affaire, car toutes les pièces de 1 euro ont la même valeur. Elles sont fongibles.

En revanche, les éléments non fongibles ont des caractéristiques qui les rendent uniques. Pensez à un tableau de Van Gogh, par exemple. Si vous prêtez un tableau de Van Gogh à un ami, vous vous attendez à recevoir exactement le même tableau en retour, pas une autre œuvre de Van Gogh ou un tableau d'un autre artiste. C'est parce que chaque tableau de Van Gogh est unique et irremplaçable. Les tableaux de Van Gogh sont donc non fongibles.

Pour la partie crypto-native :

La première famille de jetons sont les **jetons de protocole** communément appelés « cryptomonnaies » puisqu'ils sont nécessaires au paiement des frais et à la sécurisation de la blockchain.

La deuxième famille de jetons consiste en jetons dits d'application :

- Des jetons de gouvernance, un jeton équivalant à un droit de vote ;
- Des jetons d'utilité, de paiement pour avoir accès à un service.

La troisième famille sont les fameux NFT, ou *tokens* non fongibles, qui sont l'équivalent numérique des tableaux de Van Gogh (voir l'encadré précédent). Ils représentent des objets numériques uniques qui ne peuvent pas être remplacés ou échangés sur une base de un pour un avec un autre NFT. Chaque NFT a des informations ou des attributs qui le rendent unique.

Par exemple, un NFT pourrait représenter une œuvre d'art numérique spécifique, une propriété virtuelle dans un jeu vidéo, ou une carte de joueur spécifique dans un jeu de cartes numériques, comme Sorare. Chaque NFT étant unique, ils peuvent avoir des valeurs très différentes sur le marché.

Cette classification permet de différencier les actifs les uns des autres. Bitcoin est donc un actif crypto-natif, fongible et de protocole.

Pour la partie non crypto-native :

Un jeton qui représente une action d'une entreprise est un titre financier. Un vote sous forme de jeton demeure un vote pour toutes les classes d'actifs. La blockchain et le jeton deviennent le support technologique.

Stablecoins

Les stablecoins sont des actifs convertis en jetons numériques, conçus à l'origine pour minimiser les fluctuations de prix souvent associées aux cryptomonnaies traditionnelles, telles que le bitcoin ou l'ether. Leur valeur est généralement indexée sur un actif sous-jacent relativement stable, comme une monnaie fiduciaire (dollar, euro, etc.) ou un autre actif (or, ou autres matières premières).

Ces stablecoins sont émis selon diverses méthodes, notamment la garantie par des actifs réels, des cryptomonnaies ou des algorithmes. Ils sont couramment échangés sur des plateformes de trading de cryptomonnaies et peuvent être convertis à tout moment.

Ils sont nécessaires dans la mesure où la monnaie fiduciaire traditionnelle ne peut circuler sur une infrastructure blockchain.

Il existe plusieurs projets de stablecoins, avec des architectures différentes. Tous les stablecoins ne se valent pas et tous ne peuvent garantir une valeur stable de manière absolue.

- **Stablecoins avec une contrepartie dans un ou des comptes bancaires**

USD Coin (USDC) est un stablecoin indexé sur le dollar américain et émis par le consortium Centre, composé de Circle et Coinbase. USDC maintient une parité 1:1 avec le dollar américain et est garanti par des réserves en dollars. Les réserves de l'USDC sont vérifiées régulièrement par des cabinets d'audit. Il circule principalement sur la blockchain Ethereum. En dépit de la solidité du collatéral, la crise bancaire et la faillite de la Silicon Valley Banque ont fait souffler un vent de panique sur la valorisation réelle de l'USDC. En effet, le collatéral étant libellé en dollars et en bons du Trésor américain, la chute des banques pouvait susciter des doutes quant à sa tangibilité en l'absence de garantie de la part des institutions. *In fine*, des garanties ont été apportées. Il s'agit donc d'une crise bancaire qui a eu des conséquences dans le monde de la crypto paradoxalement.

- **Stablecoins avec une contrepartie en cryptomonnaie gérés par des smart contracts**

DAI est un stablecoin décentralisé émis par le protocole MakerDAO sur la blockchain Ethereum. Contrairement à l'USDC, DAI n'est pas garanti par des réserves en dollars, mais par des cryptomonnaies, principalement l'ether (ETH). Les utilisateurs du protocole MakerDAO peuvent générer des DAI en bloquant leurs actifs en tant que collatéraux dans des smart contracts. Le système ajuste automatiquement les paramètres du protocole pour maintenir la valeur du DAI proche de 1 dollar par l'existence de plus de valeur en réserve que de valeur émise en stablecoin. Le principal avantage du DAI réside dans sa facilité d'usage et son absence de dépendance vis-à-vis des réserves centralisées en monnaie fiduciaire.

- **Stablecoins sans collatéral, avec un mécanisme économique cherchant à garantir une valeur**

Les stablecoins algorithmiques utilisent des mécanismes d'automatisation pour maintenir leur valeur stable, sans dépendre de réserves de monnaie fiduciaire. Le projet de stablecoin intitulé **UST** lié à la blockchain Terra a atteint presque 18 milliards d'euros avant de s'effondrer. Cette chute vient d'une architecture défectueuse qui reposait sur la confiance et non pas sur des réserves sonnantes et trébuchantes.

L'un des principaux avantages des stablecoins est leur capacité à réduire les risques liés à la volatilité des cryptomonnaies. Cette caractéristique en fait une solution idéale pour les transactions et le stockage de valeur, tout en offrant une alternative aux systèmes de paiement traditionnels. De plus, les stablecoins facilitent les transferts d'argent à l'échelle internationale en évitant les fluctuations de change, ce qui peut entraîner des économies substantielles pour les utilisateurs.

Les stablecoins trouvent leur utilité dans diverses applications, parmi lesquelles figurent :

- **Le paiement en ligne :** dans ce contexte, les stablecoins servent de moyen de paiement stable pour les consommateurs et les commerçants. Par exemple, une personne achetant des vêtements en ligne peut payer avec des stablecoins, ce qui garantit que la valeur de la transaction reste inchangée pendant le processus de paiement.
- **Les transferts d'argent internationaux :** les stablecoins permettent d'éviter les fluctuations de change lors de l'envoi d'argent à l'étranger. Ainsi, un travailleur migrant peut envoyer de l'argent à sa famille dans son pays d'origine en utilisant des stablecoins, garantissant ainsi que la valeur de la somme envoyée ne fluctue pas en raison des variations de change.
- **Les plateformes de prêt et d'emprunt de cryptomonnaies :** les stablecoins peuvent être utilisés comme collatéraux pour emprunter d'autres actifs numériques ou comme moyens de prêt

pour générer des intérêts. Par exemple, un utilisateur déposant des stablecoins sur une plateforme de prêt peut gagner des intérêts sur son dépôt, tout en ayant la possibilité d'emprunter d'autres cryptomonnaies.

Les exemples mentionnés ont pour réserve des dollars et suivent le cours du dollar ; 130 milliards de dollars de stablecoins existent sur les blockchains. En 2022, les transferts en agrégés impliquant les stablecoins avoisinent plus de 7 000 milliards de dollars de volume. Les stablecoins libellés en euro sont marginaux et pèsent relativement 1 %. Société Générale via sa filiale nommée Forge a annoncé courant avril 2023 le lancement de son propre stablecoin euro EURCV. Les sujets réglementaires permettront de débloquer les cas d'usages non spéculatifs autour des stablecoins. Nous y reviendrons dans le troisième chapitre.

En résumé, les stablecoins offrent une solution stable et fiable pour les transactions, le stockage de valeur et la gestion des risques liés à la volatilité des cryptomonnaies. Leur adoption croissante dans divers secteurs témoigne de leur utilité et de leur potentiel.

Si le bitcoin ou l'ether ne s'imposent pas comme monnaies du quotidien, les stablecoins seront probablement utilisés au quotidien pour les petits paiements ou les paiements de gros montants entre institutions. Avec la maturité grandissante des solutions de scalabilité, le transfert prend quelques secondes et coûte quelques centimes, soit une amélioration par rapport au système actuel.

NFT : un support technologique pour divers usages

Les jetons non fongibles, également connus sous le nom de NFT (*Non-Fungible Tokens*), sont un type unique de token numérique qui représente un actif individuel. Contrairement aux cryptomonnaies comme le bitcoin ou l'ethereum, qui sont fongibles et interchangeables, les NFT sont distincts les uns des autres et possèdent des caractéristiques spécifiques. Ils sont généralement utilisés pour représenter des biens numériques uniques, comme des œuvres d'art, des objets de collection ou des éléments de jeu.

Les NFT sont généralement construits sur des blockchains, comme Ethereum, qui supportent des smart contracts. Ces derniers permettent de vérifier l'authenticité et la propriété d'un actif numérique et de le transférer facilement entre les parties. L'un des principaux avantages des NFT est qu'ils offrent un mécanisme de preuve d'authenticité et de propriété pour les objets numériques, ce qui était auparavant difficile à réaliser dans l'espace numérique.

Un exemple notable de l'utilisation des NFT est le jeu Sorare, sur la blockchain Ethereum. Sorare est une plateforme de fantasy football où les utilisateurs peuvent acheter, vendre et échanger des cartes de joueurs de football sous forme de NFT. Chaque carte représente un joueur spécifique et a une rareté et une valeur déterminées par les performances du joueur dans la vraie vie. Ces cartes peuvent ensuite être utilisées pour participer à des compétitions et gagner des prix. C'est la traduction d'une carte Panini, sans la possibilité de la copier dans le monde numérique. Cela introduit le concept de rareté numérique dans ces exemples.

Dans le domaine de l'art numérique, des artistes comme Beeple ont vendu des œuvres d'art numériques sous forme de NFT pour des millions d'euros. Les NFT permettent aux artistes de monétiser leurs œuvres numériques en offrant aux collectionneurs une preuve d'authenticité et de propriété, ainsi qu'en leur donnant la possibilité de revendre ces œuvres sur des marchés en ligne spécialisés, tels que OpenSea ou Rarible.

En résumé, les NFT sont un support technologique innovant qui offre de nouvelles possibilités pour la représentation, la possession et le transfert d'actifs numériques uniques. Ils ont le potentiel de transformer les marchés de l'art numérique, des objets de collection et de la propriété intellectuelle en offrant des mécanismes de vérification de l'authenticité et de la propriété qui n'étaient pas possibles auparavant dans le monde numérique. Les NFT ouvrent la voie à de nouveaux modèles économiques et créatifs pour les artistes, les créateurs et les collectionneurs du monde entier.

Les actifs du monde réel et la tokenisation des titres financiers

Les *Real World Assets* (RWA) sont des actifs tangibles ou intangibles existant dans le monde physique. Ils peuvent prendre de nombreuses formes, allant de la propriété de biens immobiliers aux actifs financiers comme les actions et les obligations, et bien plus encore.

Il est désormais possible de représenter ces actifs physiques sous forme numérique sur la blockchain, en créant ce qu'on appelle des tokens d'actifs réels. En quelque sorte, les principaux stablecoins tels que l'USDT ou l'USDC sont des actifs du monde réel.

La tokenisation des titres financiers est un sous-ensemble de la tokenisation des RWA. Elle consiste à diviser un titre financier (comme des actions ou des obligations) en tokens numériques représentatifs sur la blockchain. Chaque token représente une fraction de propriété de l'actif sous-jacent.

La tokenisation des titres financiers offre plusieurs avantages théoriques, indépendamment des considérations légales sur l'utilisation d'une nouvelle infrastructure pour faire circuler ces actifs. Elle facilite l'accessibilité, la transparence, la liquidité et l'efficacité des transactions. Les smart contracts permettent de créer des conditions d'accès respectueuses des législations en vigueur. Ainsi, en se procurant une action de la Française des jeux (FDJ) via sa banque, l'acheteur va nécessairement dévoiler son identité à la banque ou fintech. De la même manière, dans le code d'un smart contract, il est prévu de créer une liste d'adresses qui aura été au préalable vérifiée par le prestataire selon les identités.

Précisons ces avantages que peut apporter la tokenisation des actifs :

- **Accessibilité :** converti en tokens, un actif peut être divisé en unités plus petites, ce qui rend l'investissement possiblement plus accessible à un plus grand nombre d'investisseurs. Ainsi, une action de la marque de luxe Hermès à 2 000 euros l'unité pourrait être divisée en dizaines ou centaines d'unités pour en simplifier l'acquisition.
- **Transparence :** l'utilisation d'une infrastructure blockchain publique et sécurisée offre une traçabilité et une transparence sans précédent, ce qui peut aider à prévenir la fraude et à renforcer la confiance des investisseurs.
- **Liquidité :** la tokenisation peut apporter de la liquidité aux marchés traditionnellement

illiquides. Par exemple, l'immobilier est souvent considéré comme un marché illiquide en raison des coûts élevés et des longs délais de transaction. Grâce à la tokenisation, il devient possible d'acheter et de vendre des fractions d'une propriété indépendamment de l'endroit où l'on réside, ce qui augmente sa liquidité et permet de diversifier un portefeuille en investissant dans plusieurs lieux plutôt qu'à un seul endroit donné.

- **Efficacité des transactions :** la tokenisation peut également simplifier et accélérer les transactions, en éliminant la nécessité de tiers et en permettant des transactions peer-to-peer avec le recours aux stablecoins pour automatiser les opérations financières.

Ces caractéristiques font dire au Boston Consulting Group en 2022 que 10 % du PIB mondial en volume sera sous forme de jeton pour tous les types d'actifs à l'horizon de 2030. L'hypothèse est trop audacieuse, mais avec seulement le dixième, cela représenterait un montant de 1 600 milliards de dollars, soit quasiment l'entièreté de la capitalisation actuelle des cryptoactifs. Cette donnée va dépendre en partie des adaptations du droit actuel pour permettre à cette infrastructure blockchain d'en être le support. Aujourd'hui, le processus est encore complexe et paradoxalement très intermédié, rendant ce procédé encore marginal.

Voici deux exemples de projets, qui touchent à deux domaines différents :

- RealT est un projet qui concerne l'immobilier résidentiel. Les investisseurs peuvent acheter des fractions d'une propriété sous forme de tokens, ce qui leur donne droit à une part des revenus locatifs et à une part du prix de vente si la propriété est vendue. Plusieurs dizaines de biens ont ainsi été convertis en jetons numériques.
- Ondo Finance convertit en jetons les bons du Trésor américain dits à court terme, permettant aux utilisateurs d'acheter des fractions de ces actifs très sûrs et de générer des rendements stables d'environ 4 à 5 %. Le développement de ce type de projet est assez récent en 2023, et Ondo a converti l'équivalent de 150 millions d'euros de ces titres financiers.

La promesse d'Ethereum : un ordinateur mondial

La situation d'Ethereum est unique dans le monde des cryptomonnaies. Son histoire remonte à 2015, lorsque Vitalik Buterin et d'autres cofondateurs ont créé Ethereum. L'objectif initial d'Ethereum était de se démarquer du conservatisme de Bitcoin et de permettre la création d'applications décentralisées grâce aux smart contracts. Ainsi, Ethereum et Bitcoin ne sont pas directement comparables dans un premier temps, car ils ont des objectifs différents.

Le financement du développement d'Ethereum s'est réalisé à travers une vente de jetons appelée *Initial Coin Offering* (ICO). Cette méthode de financement a connu un succès retentissant en 2018, mais a également connu un essoufflement ultérieur pour diverses raisons. Les données de la vente ICO d'Ethereum sont impressionnantes. En août 2014, en échange de 1 bitcoin, on pouvait obtenir 2 000 ethers. À l'époque, le prix moyen de 1 ether était d'environ 30 à 40 centimes d'euros.

Au fil des années, la blockchain Ethereum s'est imposée comme la deuxième plus grande blockchain en termes de valorisation. À ce jour, sa capitalisation dépasse les 200 milliards d'euros, ce qui représente près de 20 % de la capitalisation totale de l'ensemble des cryptomonnaies. Il est important de noter que la valeur des ethers agrégés ne suffit pas à décrire pleinement le succès de la chaîne Ethereum. En effet, la valeur de la chaîne native d'Ethereum comprend également environ 150 milliards d'euros de jetons fongibles (y compris 60 milliards d'euros de stablecoins) et environ 18 milliards d'euros de tokens non fongibles (NFT).

Cette adoption organique et la capacité d'Ethereum à déployer des jetons et des applications décentralisées ont contribué à son succès. La blockchain Ethereum est devenue une plateforme privilégiée pour le développement d'applications et la création de nouveaux actifs numériques. Son écosystème dynamique, qui comprend des applications de finance décentralisée, des marchés de NFT et bien d'autres, a attiré l'attention et suscité l'engouement des développeurs, des utilisateurs et des investisseurs du monde entier.

Un écosystème florissant : la finance décentralisée ou désintermédiée

Plusieurs raisons expliquent le succès d'Ethereum et de la finance décentralisée (DeFi). Tout d'abord, la possibilité de créer des applications décentralisées et de la valeur sur la blockchain Ethereum a ouvert de nouvelles possibilités dans le secteur financier. La DeFi propose un système financier ouvert, transparent et sécurisé, éliminant théoriquement une partie des intermédiaires traditionnels tels que les banques et les courtiers. Le terme de décentralisé est retenu même si un grand nombre des applications dépendent des développeurs ou peuvent être mises sur pause par une fonction de smart contract. Cette finance est plus désintermédiée que réellement décentralisée. Il convient donc de toujours relativiser. Dans une consultation, l'autorité française de supervision des acteurs financiers ACPR retient le terme de finance désintermédiée.

L'accessibilité mondiale est l'un des avantages majeurs de la Finance décentralisée. Contrairement aux systèmes financiers traditionnels qui peuvent exclure les personnes non bancarisées pour différentes raisons ou mal desservies, la DeFi permet à quiconque disposant d'une connexion Internet de participer aux services financiers proposés. Les utilisateurs peuvent prêter, emprunter, échanger et investir leurs cryptoactifs en toute autonomie, sans avoir besoin de passer par des tiers de confiance.

La sécurité est également renforcée dans la DeFi grâce à l'utilisation des smart contracts sur la blockchain Ethereum. Les utilisateurs ont un contrôle total sur leurs fonds et ne dépendent pas d'une entité centrale qui pourrait être compromise. De plus, les smart contracts permettent une exécution automatique des accords financiers, garantissant le respect des conditions prédéfinies et réduisant les risques d'erreurs humaines (bien que des risques subsistent si les smart contracts sont mal codés).

Les applications de la DeFi sont variées. Les plateformes de prêt et d'emprunt décentralisées, telles que AAVE, permettent aux utilisateurs de prêter et d'emprunter des cryptoactifs en fournissant un collatéral en cryptomonnaie directement dans le smart contract. Cela crée un marché ouvert où les prêteurs et les emprunteurs peuvent interagir directement, fixant les taux d'intérêt en fonction de l'offre et de la demande.

Les échanges décentralisés, tels qu'Uniswap, sont une autre composante importante de la DeFi. Ils permettent aux utilisateurs d'échanger des cryptoactifs directement entre eux, sans avoir à passer par une plateforme d'échange centralisée. Les transactions sont exécutées en pair à pair, grâce à la liquidité déposée par des utilisateurs ou des fonds d'investissement. Cette absence d'entité centrale permet d'éviter le risque de confier la garde et la sécurité de ses actifs à un tiers. À ce jour, l'utilisation de ces échanges décentralisés représente 20 % du volume total d'échange, et cette donnée ne fait que progresser, portée par une année 2022 où des bourses d'échanges centralisés ont pu tomber en emportant les détentions des clients. Par ailleurs, Uniswap depuis 2020 a facilité plus de 1 500 milliards d'euros d'échanges. Ces applications pourraient permettre l'échange de tous les types de jetons présentés précédemment.

Il est toutefois crucial de reconnaître les risques et les limites de la DeFi. Les problèmes de sécurité peuvent survenir, notamment des failles dans le code ou des vulnérabilités dans les protocoles. En raison de la nature décentralisée de la DeFi, n'importe qui peut créer un protocole ou une application, ce qui ouvre la porte à des actes malveillants. Les utilisateurs doivent faire preuve de prudence, mener leurs propres recherches et vérifier la crédibilité des projets avant de s'engager financièrement. Les attaques et les hacks retentissants dans le monde de la DeFi ont causé la perte de plusieurs milliards de dollars, même pour des utilisateurs avertis, et ont touché des protocoles qui avaient pourtant fait l'objet de plusieurs audits informatiques.

Enfin, la complexité technique de la DeFi peut représenter un obstacle pour les utilisateurs non techniques. Les concepts financiers et technologiques peuvent sembler complexes pour les novices. Une compréhension approfondie des mécanismes sous-jacents et une formation adéquate sont nécessaires pour s'engager de manière éclairée dans la DeFi. Il est également important de noter que la DeFi évolue rapidement et peut présenter des risques en termes de volatilité des actifs, de liquidité limitée et d'interactions complexes entre différents protocoles.

Il est possible que la DeFi soit de plus en plus utilisée, y compris dans la finance traditionnelle, à mesure que deux écosystèmes se développent en parallèle. D'un côté, on observe une zone grise composée d'innovations et de nouveaux modèles accessibles aux utilisateurs avertis, mais également à haut risque. De l'autre, une hybridation s'opère entre la DeFi et la finance traditionnelle, les deux systèmes étant appelés à se rapprocher davantage lorsque la réglementation encadrera ces nouvelles pratiques avec des conditions d'accès et des agréments spécifiques pour proposer des applications se conformant aux lois.

Le passage de la preuve de travail à la preuve d'enjeu

Un changement retentissant

En septembre 2022, Ethereum a réussi sa transition vers un modèle de consensus de preuve d'enjeu, comme nous l'avons indiqué précédemment. Ce changement, qui avait été reporté à plusieurs reprises, était devenu de plus en plus complexe en raison de l'importance qu'Ethereum avait acquise depuis ses débuts. Il est toujours difficile de changer le moteur d'un avion en plein vol. L'événement intitulé « *The Merge* » (la fusion) a été un succès et a mis en avant les deux principaux modèles de consensus, à savoir la preuve de travail et la preuve d'enjeu. Cette transition marque la naissance d'une nouvelle industrie appelée *staking* ou mise en jeu, où la sécurisation du réseau se fait avec la détention d'ethers, ce qui permet à un grand nombre de personnes d'y participer.

En effet, il suffit de posséder des ethers pour contribuer à la sécurisation du réseau. Une toute nouvelle industrie se développe pour soutenir cette sécurisation. Ce changement fonctionne également grâce à la garantie de décentralisation fournie par différentes composantes. Une telle garantie se révèle nécessaire. Par exemple, si une entreprise décide de lancer sa propre blockchain basée sur la preuve d'enjeu et que celle-ci et les investisseurs de l'entreprise détiennent 70 à 80 % des jetons, le consensus peut être vicié. Un réseau peut augmenter le nombre de validateurs en apparence, mais s'il n'est opéré que par quelques individus, la décentralisation devient fictive. Ethereum se distingue de ce point de vue, car lors de la vente de jetons en 2014, 80 % étaient réservés au public pour garantir une distribution plus large entre différentes mains, et la preuve de travail a permis la circulation des ethers (car les mineurs devaient les vendre pour couvrir leurs coûts).

Le fait que la blockchain Ethereum soit largement utilisée pour les applications décentralisées crée une opportunité rentable de sécurisation. La demande constante pour remplir les blocs confère de la valeur à l'ether, incitant les personnes à en acquérir pour participer à la validation. Plusieurs mois après cette transition, le bilan est très positif, avec quelques dynamiques à surveiller, telles que les prestataires permettant de valider des ethers sans la complexité technique liée au fonctionnement d'un nœud validateur moyennant une commission sur les frais générés.

Fin mai 2023, la blockchain Ethereum comptait près de 700 000 validateurs et près de 22 millions d'unités bloquées. Étant donné que l'ether est utilisé dans différentes applications comme monnaie d'échange et collatéral pour des cas financiers (notamment dans la finance décentralisée), le taux d'ethers en validation par rapport à la quantité en circulation, qui était de 19 % au moment de la rédaction, pourrait atteindre 35 à 40 % dans les années à venir. Cela confirme la sécurité d'Ethereum par rapport aux autres chaînes concurrentes dans les applications décentralisées, qu'il s'agisse du nombre de validateurs ou du montant total sécurisé, avec plus de 36 milliards d'euros pour Ethereum, contre quelques milliards pour les autres au maximum. Les validateurs perçoivent un taux d'intérêt, dépendant de plusieurs paramètres, pour leur travail de sécurisation, qui avoisine les 4 % annualisés (voire plus).

L'économie du jeton : entre création monétaire et destruction

La valeur d'un jeton n'est que le rapport de force entre acheteurs et vendeurs. Outre la psychologie et la perception des acheteurs et vendeurs, différentes configurations peuvent avoir un impact sur le prix. Une création monétaire trop importante peut entraîner une dilution trop forte ou une pression à la vente forte.

L'économie du jeton ether a fait l'objet de plusieurs modifications. Les premiers changements résultent du fait d'une émission moins importante à chaque bloc, passant de 5 ethers par bloc à 2 ethers courant 2019. Ainsi, s'il existait environ 70 millions d'unités à la création d'Ethereum répartis entre les acheteurs de l'ICO, les cofondateurs et la fondation, la circulation en 2021 est de presque 117 millions.

Un mécanisme a été ajouté en 2021, créant une dynamique de destruction monétaire en cas de surutilisation de la chaîne. Si le nombre de transactions excède la capacité de la chaîne, alors les frais de transaction grimpent. L'idée est d'inciter lors de pics de transactions à ne pas en faire, sous peine de payer de plus en plus de frais. De plus, une partie de ces frais sont détruits pour toujours. La création monétaire pour la sécurisation ajoutée à une intense utilisation de la chaîne crée une légère déflation structurelle.

Le profil de l'offre et de la demande est donc modifié. Depuis le changement mi-septembre 2022, en huit mois 250 000 ethers ont été détruits, soit un taux d'émission projeté de – 0,3 %, contre 3,2 %

et 2,6 millions d'unités en plus sur le marché si le changement n'avait pas été opéré. Il en résulte moins de pression vendeuse.

De nombreux prestataires proposent plus que la détention de l'ether, mais aussi un rendement en fournissant ce service en l'échange d'une commission sur les intérêts générés.

Les perspectives d'amélioration

La question de la scalabilité est d'une importance capitale pour Ethereum. L'objectif est de trouver le compromis technique le plus élégant pour bénéficier à la fois de la sécurité, de la décentralisation et de la capacité à traiter un grand nombre de transactions. Pour relever ce défi, l'écosystème d'Ethereum s'appuie sur ce que l'on appelle les couches secondaires, ou *layers* 2 dans le jargon.

Il existe une variété de conceptions de réseaux de couche 2, tout comme il existe différentes blockchains de couche 1. L'idée sous-jacente de ces solutions de scalabilité est d'utiliser une cryptographie avancée pour regrouper plusieurs transactions et réduire cet ensemble de transactions en une preuve mathématique. Cette preuve mathématique est ensuite inscrite dans Ethereum et peut être vérifiée par tous les participants. Cela se traduit par une réduction des frais de transaction, car au lieu d'avoir des frais associés à chaque transaction, des dizaines voire des centaines de transactions nécessitent d'en opérer une seule et donc de payer une seule fois des frais sur Ethereum. Actuellement, environ 5 % de l'espace des blocs (ou du cahier de transactions) d'Ethereum est utilisé par ces solutions de scalabilité.

À ce jour, plusieurs propositions gagnent en popularité par rapport à Ethereum directement, offrant des frais plus abordables et plus modestes, avec des innovations prévues pour 2023, 2024 et 2025. Ces améliorations pourraient réduire les frais de transaction de 10 à 100 fois par rapport aux frais observés jusqu'à présent. Par exemple, fin mai 2023, une transaction via Uniswap ou Ethereum coûte 11 dollars, contre seulement 0,30 euro sur Arbitrum ou Optimism, deux des solutions de scalabilité les plus utilisées. De même, l'envoi de stablecoins euro coûte 3 dollars sur Ethereum, contre seulement 0,15 euro sur ces mêmes solutions. À l'avenir, ces frais devraient être réduits à moins de 1 centime, ouvrant ainsi de multiples cas d'utilisation et augmentant l'adoption de ces solutions. Parmi les autres solutions de scalabilité, citons Starknet et ZkSync, chacune offrant ses compromis techniques spécifiques.

Il est peu probable que le grand public interagisse directement avec la chaîne Ethereum principale. Cependant, les solutions utilisées par le grand public tireront leur sécurité de cette blockchain. Tout comme l'Internet que nous connaissons et utilisons quotidiennement repose sur plusieurs couches techniques, l'infrastructure blockchain sera composée d'un mélange complexe de couches avec des compromis différents selon la criticité de chaque transaction. Le grand public n'aura pas besoin de prendre conscience de cette complexité tant que l'infrastructure remplira sa fonction principale de manière transparente et fiable.

L'ADOPTION PAR LE GRAND PUBLIC, LES ENTREPRISES ET LES ÉTATS

L'adoption par le grand public

Les statistiques en France et en Europe

Près d'un Français sur dix détient des cryptoactifs début 2023

Le sujet des cryptoactifs devient un sujet de société. Il est possible de mesurer et de quantifier leur adoption à l'aide des études réalisées par le cabinet de conseil KPMG France et l'ADAN (Association pour le développement des actifs numériques) en collaboration avec l'institut de sondage IPSOS. L'échantillon retenu est celui de 2 000 Français représentatifs de l'âge, du sexe et des catégories socioprofessionnelles. La première édition de l'étude publiée début 2022 faisait état d'une mesure de l'adoption pour fin décembre 2021. Cette période correspond aux records de valorisation de ces actifs, avec une capitalisation de marché avoisinant les 3 000 milliards de dollars. Fin 2021, 8 % des Français majeurs détenaient des cryptoactifs. En dépit d'une année 2022 tumultueuse pour les marchés financiers, et tout particulièrement pour l'industrie des cryptoactifs, cette adoption atteint 9,4 % en mars 2023. Dans le détail, l'adoption concerne 8 % de l'échantillon pour les cryptomonnaies, 5 % pour les stablecoins et 4 % pour les NFT. De plus, 26 % des Français se déclarent intéressés par l'acquisition de cryptomonnaies dans un futur proche.

La France est cependant en retard par rapport aux quatre autres pays présents dans l'étude : l'Allemagne, l'Italie, les Pays-Bas et le Royaume-Uni comptent de 3 à 10 % de possesseurs en plus.

Des détenteurs particulièrement jeunes

La sociologie des détenteurs de cryptoactifs est éclairante pour comprendre la particularité du sujet ainsi que ses potentialités, tant le terme *cryptoactif* ne rend pas compte de toutes les dimensions sous-jacentes. En effet, comme nous l'avons vu avec la taxonomie des cryptos, la cryptomonnaie peut s'appréhender sous l'angle de l'investissement passif ou actif avec des droits de vote et des actions à réaliser dans certains cas. Le NFT est quant à lui un support technologique neutre dont les usages sont multiples, que ce soit dans l'industrie du luxe, du jeu vidéo ou de la finance.

Le portrait-robot du détenteur de cryptoactifs est le suivant :

- Les hommes sont surreprésentés puisque 63 % déclarent en détenir.
- La moitié des détenteurs ont moins de 35 ans, ce qui représente 17 % de cette classe d'âge.
- Ils appartiennent à des milieux plus aisés que la moyenne française, les revenus dépassant 60 000 euros chez 24 % des détenteurs.
- Les trois quarts expriment une appétence pour des classes d'actifs jugées à risque, qui peuvent générer du rendement (contre plus d'un tiers de la population française dans son ensemble).

La sociologie étant très marquée sur le plan générationnel, des entreprises veulent expérimenter et adopter cette technologie afin de capter cette jeune clientèle et celle des personnes qui se disent prêtes à acquérir des cryptoactifs.

Les 26 % de ces Français « intentionnistes » ne diffèrent guère quant à eux du Français moyen, si ce n'est qu'ils ont en moyenne 45 ans, au lieu de

48 ans. En considérant que ces personnes sautent le pas, cela représente un marché de presque 14 millions de détenteurs.

L'image caricaturale de l'investisseur déraisonnable

Le débat public peut être marqué par une rhétorique simpliste autant chez les défenseurs que chez les contempteurs. Ainsi, pour soutenir une interdiction des cryptoactifs, une député européenne a pu user de l'argument suivant : « Amaury a perdu 7 000 euros. » À l'inverse, certains citeront l'exemple de leur petit cousin qui a réalisé un multiple de 40 fois sa mise sur un même *coin*, un jeton dont la seule existence peut se réduire à une blague ayant réussi à se répandre, comme le dogecoin ou le shiba inu avec des chiens pour emblèmes.

Cette étude permet d'objectiver un comportement raisonnable pour l'immense majorité des détenteurs. En effet, cette population réalise moins de 2 opérations d'achat/vente par mois (pour 88 % d'entre eux) tandis qu'ils ne sont que 1 % à réaliser plus de 10 transactions. Le choix de la grande majorité se porte sur les plus grosses valorisations et de très loin sur Bitcoin.

Les intermédiaires privilégiés

L'étude apportent des données intéressantes sur les canaux d'acquisition privilégiés par les 11 % de Français majeurs qui ont déjà détenu des cryptomonnaies.

Le premier canal historique est celui des acteurs crypto-natifs, comme Binance à 39 % suivi de Coinbase avec 28 %. Le deuxième canal est celui des fintechs : Revolut puis Lydia, avec 20 % et 13 %. Ce deuxième canal souligne le succès de proposer à ses clients différentes classes d'actifs dont celle des cryptoactifs en parallèle des autres. L'adoption progressera grâce à l'arrivée d'un troisième canal de distribution avec les banques en ligne et les banques traditionnelles. La régulation en cours de développement permet d'anticiper cette perspective. La Société Générale, le Crédit Agricole ou des banques plus privées comme Delubac ont d'ores et déjà entrepris les démarches pour les autorisations nécessaires.

Les statistiques dans le monde

Selon le Global Crypto Adoption Index 2022, l'adoption des cryptomonnaies a connu des variations mais reste bien au-dessus de son niveau d'avant le marché haussier de 2019. Les marchés émergents dominent l'indice d'adoption avec une majorité de pays à revenu intermédiaire et faible dans le top 20.

Dans l'ordre, le top 5 des pays en termes d'adoption des cryptomonnaies est le suivant : le Vietnam, les Philippines, l'Ukraine, l'Inde et les États-Unis.

Pour la deuxième année consécutive, le Vietnam occupe la première place. Il présente une adoption par la population exceptionnellement élevée. En 2020, 21 % des consommateurs vietnamiens déclaraient utiliser ou posséder des cryptomonnaies, ce taux a probablement encore augmenté depuis.

Les États-Unis ont progressé au cinquième rang de l'indice, contre une huitième place en 2021 et une sixième en 2020. En parallèle, selon une étude de la Banque centrale américaine publiée en mai 2023, 10 à 12 % des adultes possèdent des cryptomonnaies.

La Chine est revenue dans le top 10 après avoir été classée treizième en 2021. En dépit de l'interdiction du trading de cryptomonnaies par le gouvernement chinois en septembre 2021, les données suggèrent que l'interdiction a été soit inefficace, soit appliquée de manière laxiste. La Chine est particulièrement forte en ce qui concerne l'utilisation de services centralisés, se classant deuxième pour le volume de transactions ajusté au pouvoir d'achat, tant au niveau global que de détail.

L'adoption globale demeure bien supérieure aux niveaux qui précédaient le marché haussier de 2020, même face aux derniers marchés baissiers. La majorité des nouveaux utilisateurs qui investissent dans les cryptomonnaies pendant les périodes de croissance des prix tendent à rester même lorsque les prix baissent, permettant ainsi à l'écosystème de croître constamment à travers les cycles de marché. Les cryptomonnaies offrent des avantages tangibles et uniques aux personnes vivant dans des conditions économiques instables, ce qui pourrait expliquer pourquoi les pays en développement dominent l'indice d'adoption. Cela se confirme avec la multiplication de moyens efficaces pour les particuliers et les commerces d'accepter le bitcoin et les stablecoins. L'utilisation diffère grandement entre les pays, un contexte plus tendu poussant à une adoption plus rapide.

Les initiatives des entreprises

L'écosystème français

L'écosystème français est une place forte en Europe et concerne déjà plusieurs milliers d'emplois. Deux acteurs sont à ce titre des licornes : l'un, Sorare, est la startup qui use de la rareté des NFT pour créer un nouveau jeu sur différents sports, et l'autre, Ledger, est une société qui produit pour les particuliers et les professionnels des solutions de conservation.

Plusieurs spécialités françaises existent dans le domaine des cryptoactifs :

- Au niveau des protocoles, les besoins en mathématiques et en cryptographie font des profils français des profils idoines dans ce secteur.
- Dans la finance décentralisée, de nombreux protocoles sont créés par des start-up françaises, telles que Morpho, Mangrove ou Swaap.

- Dans l'industrie de la sécurisation, des blockchains se développent avec Meria, EDF, Exaion ou Kiln.

Cette vitalité de l'écosystème se retrouve au sein de l'Association pour le développement des actifs numériques qui regroupe des centaines d'adhérents représentant les professionnels du secteur et servant d'interlocuteurs privilégiés auprès des décideurs publics, comme en témoigne l'enquête annuelle réalisée avec KPMG et IPSOS.

Les profils français colonisent les projets les plus importants de l'écosystème crypto, consacrant ainsi le rôle de la France dans ce domaine.

L'exemple de l'industrie de la finance ou des acteurs culturels

L'industrie financière

Une tendance notable est le rapprochement entre la finance traditionnelle et l'industrie des cryptoactifs. Les institutions financières voient en cette convergence une opportunité de se positionner sur un marché en plein essor. Elles cherchent à répondre à la demande croissante en proposant de nouveaux produits et services liés aux cryptomonnaies, tels que la conservation, l'investissement et la gestion de ces actifs.

Plusieurs leviers sont à la disposition des acteurs financiers pour proposer des services dans le domaine des cryptomonnaies. Tout d'abord, la confiance des clients est essentielle. Certains acteurs du marché manquent de maturité et de fiabilité, ce qui peut décourager les investisseurs. Les institutions financières établies sont souvent perçues comme des intermédiaires de confiance, capables de gérer en toute sécurité les actifs.

Dans le domaine de la finance, différents acteurs, tels que les banques, les fintechs et les néobanques, ont saisi ces opportunités et proposent désormais des services liés aux cryptomonnaies. Ils ont établi des partenariats avec des prestataires de services sur actifs numériques (PSAN, un statut légal à obtenir – voir la dernière section de ce chapitre) pour offrir à leurs clients particuliers et professionnels des options d'investissement et de conservation. La demande de gros acteurs comme Blackrock de pouvoir créer des ETF aux États-Unis souligne cette tendance de normalisation.

La conservation est l'un des premiers services fonctionnels proposés dans le domaine des cryptomonnaies. Les établissements financiers ont développé des portefeuilles numériques sécurisés pour leurs clients, leur permettant de gérer et de conserver leurs actifs en toute sécurité. Certains établissements ont internalisé ces fonctions, tandis que d'autres ont externalisé la conservation en s'appuyant sur des solutions en marque blanche fournies par des plateformes d'échange de cryptomonnaies.

Outre la conservation, la conversion en jetons des actifs financiers est un autre cas d'usage important. La tokenisation permet de représenter numériquement des actifs traditionnels, tels que des actions, des obligations ou des devises, sur une blockchain. Comme nous l'avons vu, cela ouvre de nouvelles possibilités en termes de liquidité, de fractionnement des actifs et de facilité de transfert.

Ainsi, en avril 2021, la Banque européenne d'investissement (BEI) a émis des obligations sur Ethereum, d'une valeur de 100 millions d'euros et d'une durée de deux ans. Ces obligations ont été souscrites par des institutions financières telles que la Société Générale, Banco Santander et Goldman Sachs.

En avril 2022, BNP Paribas a agi en tant qu'intermédiaire dans l'émission d'obligations blockchain pour le financement de projets d'énergie renouvelable.

En septembre 2022, une entreprise appelée Securitize a transformé en jetons des parts d'un fonds d'investissement spécialisé dans le domaine de la santé.

Dans le cadre d'une initiative d'exploration, JP Morgan a émis, en collaboration avec l'Autorité monétaire de Singapour (MAS), une série de titres sur blockchain en septembre 2022. Ces titres ont été utilisés pour faciliter des transactions impliquant des devises et des bons du Trésor du Japon et de Singapour sur des blockchains.

L'industrie culturelle

Les jetons non fongibles (NFT) ont apporté de nouvelles opportunités dans les domaines de l'art, de la culture et du divertissement. Par exemple, les Crypto Punks, créés en 2017 par Larva Labs, sont des NFT représentant des personnages punks uniques et sont utilisés comme des objets de collection. Ces œuvres numériques ont une utilité dans la construction d'une identité numérique et ouvrent la voie à d'autres usages et services basés sur cette identité.

Les NFT ont également permis le fractionnement des créations numériques, permettant à un plus grand nombre de collectionneurs de posséder une partie d'une œuvre. Par exemple, Sorare propose des NFT de joueurs de football qui peuvent être collectionnés et utilisés dans un jeu de fantasy football.

Les jeux vidéo constituent un domaine où les cryptomonnaies et les NFT trouvent un fort intérêt. Les NFT offrent de nouvelles possibilités dans les jeux vidéo, permettant les échanges d'actifs, leur utilisation dans différents jeux, la collection et même l'affichage sur les réseaux sociaux en tant qu'identité numérique. Les NFT permettent également de créer des modèles économiques basés sur la propriété des actifs numériques. Les joueurs peuvent gagner des récompenses en passant du temps sur un jeu à travers des NFT ou en vendant les actifs qu'ils possèdent. Certains éditeurs de jeux favorisent même la répartition des frais et des gains entre les joueurs pour renforcer leur engagement. Les jeux vidéo nativement numériques sont ainsi parfaitement adaptés à l'utilisation des NFT, offrant aux joueurs de nouvelles opportunités de personnalisation, de collecte d'objets rares et de participation à des économies virtuelles. Des projets tels que Sorare, qui propose des NFT de joueurs de football pour un jeu de fantasy football, et Unagi, qui développe également des jeux de fantasy football et de basketball en partenariat avec des clubs et des ligues professionnelles, témoignent de l'intérêt croissant des jeux vidéo pour les cryptomonnaies et les NFT.

Les NFT sont également utilisés pour la certification d'authenticité et la protection de la propriété intellectuelle des biens culturels. Par exemple, Sotheby's, la célèbre société de ventes aux enchères, a reproduit son siège historique dans le monde virtuel de Decentraland, où des NFT de collection sont exposés et mis en vente.

Ces exemples illustrent comment les cryptomonnaies et les NFT sont utilisés de manière innovante dans les industries culturelles, ouvrant de nouvelles perspectives et opportunités pour les artistes, les collectionneurs et les joueurs.

La réponse des États et institutions publiques

Une méfiance historique des décideurs publics et des banques centrales

La réaction des États face aux cryptoactifs n'est pas unanime. L'émergence de cette technologie et de ses implications politiques a pu susciter des craintes chez les décideurs publics, en particulier dans le domaine politique. La raison en est simple : lorsque l'on parle de cryptomonnaie, cela remet en question le monopole monétaire détenu par l'État, ce qui peut être perçu comme une menace pour la stabilité financière. Ainsi, différents pays ont réagi de manière spécifique vis-à-vis de ces actifs, leurs choix dépendant également de considérations politiques et culturelles liées à l'innovation.

Par exemple, la France a adopté dès 2019 la loi Pacte, qui définit les cryptoactifs comme des « actifs numériques ». D'autres pays, tels que les

États-Unis, ont choisi de laisser les acteurs évoluer sans cadre réglementaire particulier, en se basant sur le droit existant pour juger des cryptoactifs. Les différences de politique entre les pays résident dans leur rapport à l'innovation et dans le rapport de force avec les écosystèmes locaux et les adeptes des cryptomonnaies.

Certains pays, à l'inverse, ont adopté des mesures plus radicales. Par exemple, le Salvador a innové en adoptant le Bitcoin comme monnaie légale, bien que l'adoption par les habitants reste relativement limitée. La Chine, quant à elle, a toujours été un lieu majeur pour le minage de Bitcoin, mais le gouvernement a interdit son utilisation ainsi que toute activité minière en 2021. Cependant, en raison de la nature décentralisée de ces technologies, une interdiction totale s'avère complexe, voire impossible à mettre en œuvre.

Les banques centrales ont généralement réagi de manière méfiante envers les cryptoactifs en raison de leur dimension monétaire. Le projet Libra de Facebook, rebaptisé Diem, a été le point culminant de cette méfiance envers les cryptomonnaies. Les ministres de l'Économie de la France et la présidente de la Banque centrale européenne ont exprimé des réserves face à la remise en cause de la souveraineté monétaire européenne par Libra et les cryptomonnaies. Cette réaction politique des institutions publiques et des banques centrales a donné naissance à de nombreux projets de monnaies numériques de banque centrale (MNBC) visant à retrouver certaines caractéristiques des cryptomonnaies, telles que l'interopérabilité et la facilité des transactions.

Cependant, il convient de souligner que la plupart des MNBC sont des infrastructures centralisées, contrairement aux cryptomonnaies. La confusion peut survenir, car certains termes sont empruntés au secteur des cryptomonnaies, notamment les fameux « smart contracts ». Malgré cela, la question des objectifs et de la manière de les atteindre soulève des enjeux politiques importants. Par exemple, le projet de monnaie numérique de la Banque centrale chinoise, expérimenté dans plusieurs régions entre 2021 et 2022, suscite des interrogations sur la transparence financière totale dans un État non démocratique, en remettant en cause les libertés publiques et le droit à la confidentialité.

L'Europe, par le biais de la Banque centrale européenne et de différents rapports, envisage également de proposer un euro numérique d'ici 2026-2027. Cependant, les détails de sa mise en œuvre sont essentiels, car un euro numérique permettrait à la banque centrale de renouer directement avec les citoyens, en court-circuitant ainsi les banques commerciales qui sont à l'origine de la création monétaire. Les besoins actuels en matière de paiements quotidiens se retrouvent davantage dans les stablecoins, qui ne sont qu'une représentation de la monnaie dans le monde de la blockchain et ne sont pas une nouvelle forme de monnaie à part entière. En fin de compte, il existe peu de liens entre les crypto-actifs et les monnaies numériques de banque centrale

La pression réglementaire actuelle poussera les différents pays à se positionner dans le secteur des cryptoactifs, en tenant compte de la sociologie des premiers utilisateurs. Ce sujet deviendra de plus en plus politique à mesure que les débats se poursuivront.

La normalisation par la réglementation

L'adoption des cryptoactifs dépendra grandement de la réglementation. Jusqu'à présent, il était difficile de qualifier juridiquement des actifs tels que le bitcoin, les NFT ou les stablecoins. L'absence d'un cadre défini a entravé le développement de divers cas d'utilisation pour les acteurs traditionnels.

En 2019, la France a été pionnière en légiférant pour la première fois, en créant un cadre avec des définitions et en instaurant un statut de prestataire de services sur actifs numériques. Un actif numérique, selon le Code monétaire et financier, est une représentation numérique de valeur qui n'est pas émise ou garantie par une banque centrale ou une autorité publique, qui n'est pas nécessairement liée à une monnaie légale et qui n'a pas le statut juridique d'une monnaie, mais qui est acceptée par des personnes physiques ou morales comme moyen d'échange et peut être transférée, stockée ou échangée électroniquement. Un prestataire est une entreprise ou un intermédiaire proposant des services liés aux cryptoactifs, tels que la conservation ou l'échange. L'objectif de la loi Pacte était de faire converger les intermédiaires du domaine des cryptoactifs vers les mêmes réglementations que les métiers traditionnels de la finance. Ainsi, deux niveaux ont été créés pour les prestataires de services sur actifs numériques (PSAN) : l'enregistrement, obligatoire pour opérer sur le marché français, et l'agrément, qui est optionnel et se rapproche des métiers financiers traditionnels. Ce double niveau reflète la maturité relative du secteur, permettant aux acteurs natifs de se conformer à une réglementation traditionnelle mais créant aussi un cadre pour l'installation d'acteurs étrangers afin de favoriser une concurrence saine. Beaucoup de critiques affirmant que le secteur n'est pas régulé font référence à ce double niveau. L'agrément quant à lui demande des fonds propres et le respect de certaines exigences en matière de cybersécurité, entre autres conditions.

En juillet 2023, plus de 80 acteurs ont déjà obtenu un enregistrement PSAN auprès de l'AMF (Autorité des marchés financiers) dont des acteurs bancaires comme Delubac ou AXA Investement Managers, des fintechs comme TradeRepublic, eToro ou des acteurs cryptonatifs comme Coinhouse, Bitstack. Société Générale via sa filiale Forge devient le premier acteur agréé avec la volonté d'être un partenaire de premier plan pour les institutionnels.

Courant 2023, une nouvelle loi dite « JoNum » pour Jeux à objets numériques échangeables devrait voir le jour pour permettre à Sorare et d'autres entreprises de proposer leurs services avec une adaptation du droit, pour créer un nouveau régime qui ne soit pas celui des jeux d'argent. Cela souligne le besoin d'adapter le droit de différentes industries pour aider au développement du secteur des cryptoactifs.

Parallèlement au cadre français, la Commission européenne a proposé plusieurs textes sur la finance numérique, dont un règlement intitulé « MiCA » (Marchés en cryptoactifs). Ce règlement voté en avril 2023 s'inspire en partie du cadre français et pose trois jalons importants :

- Il crée le statut de CASP, traduction littérale des PSAN en version européenne.
- Il pousse à une convergence sur la communication à destination des clients avec les textes européens régissant la finance traditionnelle.

- Il définit les différents types de jetons. En particulier, les stablecoins (avec une contrepartie cash ou équivalents) deviennent de la monnaie électronique, définition qui permet d'ouvrir les cas d'usages de type paiement ou de représenter le cash pour les titres financiers convertis en jetons.

La création de ce statut CASP rend *de facto* obligatoire l'agrément PSAN, les acteurs bénéficiant d'un délai jusqu'en 2026 pour se mettre au niveau. L'avantage est d'offrir une harmonisation et donc une réglementation unique à l'échelle du marché européen et de ses 500 millions de consommateurs.

Les NFT et la finance décentralisée sont exclus de ce premier texte MiCA et plusieurs acteurs dont la patronne de la BCE souhaiteraient déjà une deuxième mouture de MiCA. Ces sujets n'ont pas été traités en partie par manque de recul et par crainte de proposer un cadre hors sujet ou trop restrictif.

D'autres textes visent à débloquer le sujet de la représentation sous forme de jetons actifs du monde réel de manière à utiliser la blockchain comme support technique. En particulier, le régime pilote entré en vigueur en 2023 laisse aux acteurs le soin d'innover pendant quelques années avec l'ambition de modifier le droit pour bénéficier des avantages de cette nouvelle infrastructure.

Les États-Unis par contraste, en l'absence de cadre réglementaire, prennent un chemin inverse à celui de la France et de l'Europe. Cette absence de cadre a permis aux acteurs américains de se développer, de lever des fonds ou d'entrer en Bourse dans le cas de Coinbase. Cependant, à la suite de la faillite frauduleuse de FTX, acteur numéro deux du marché sur l'échange des cryptoactifs, la SEC (Securities and Exchange Commission, l'équivalent américain de l'AMF) a adopté une position plus agressive vis-à-vis des acteurs à travers la voix de son patron Gary Gensler. À l'aune de lois dans les années 1920 et 1930 décrivant ce que sont les titres financiers, la SEC questionne tous les acteurs proposant des cryptoactifs ou des services de staking comme sur Ethereum. Cette incertitude est perçue comme une défiance pour les acteurs.

Après l'interdiction chinoise de 2021 qui avait fait grand bruit, Honk Kong sous domination chinoise a infléchi sa position en 2023 en délivrant des licences à certains acteurs et en permettant au consommateur d'accéder à plusieurs cryptomonnaies dont le bitcoin.

La France fait figure de terre d'élection pour les projets américains et internationaux avec Binance, Crypto.com, OKX ou encore Circle. Cette émigration en sens contraire est assez rare pour que ce soit souligné.

Cette tendance est positive mais aussi à relativiser pour la France. Le cadre législatif envié par d'autres États ne fait pas tout. La grande majorité des entrepreneurs et entreprises ont historiquement des difficultés à ouvrir des comptes bancaires.

CONCLUSION

Bitcoin et les autres cryptomonnaies ouvrent la voie à une multitude de questionnements touchant à divers domaines tels que l'économie, la psychologie, la géopolitique ou encore les problématiques énergétiques.

Les changements induits par ces nouvelles technologies sont peut-être moins visibles que ceux liés à l'intelligence artificielle ou à un modèle de langage comme ChatGPT, qui ont investi nos conversations et les débats médiatiques depuis le début de l'année 2023. Cependant, l'adoption de cette nouvelle classe d'actifs suit une progression similaire à celle d'Internet à la fin des années 90.

Bitcoin, Ethereum et quelques autres blockchains, ainsi que leurs extensions, constituent les fondements d'un « Internet de la valeur ». Nous les utiliserons au quotidien pour des paiements, des placements financiers ou encore l'acquisition d'actifs numériques dans les jeux vidéo.

Les barrières à l'entrée restent significatives avant que le grand public puisse pleinement adopter les applications décentralisées. Par exemple, le nombre d'utilisateurs de la finance décentralisée est encore relativement faible, avec environ 8 millions d'adresses ayant déjà interagi avec ces applications.

L'immaturité de l'infrastructure explique pourquoi les discussions sont encore centrées sur ces questions. Les solutions de scalabilité, qui sont censées permettre l'arrivée de centaines de millions d'utilisateurs, ne sont pas encore assez robustes pour répondre à de tels besoins.

Le développement des usages est également freiné par d'importantes barrières culturelles et légales. L'adaptation du droit à une nouvelle infrastructure, où certains acteurs et intermédiaires traditionnels sont remplacés par de nouveaux, est un processus lent.

Par ailleurs, tout comme Internet, la liberté offerte par les cryptomonnaies est à double tranchant. Sa nouveauté entraîne son lot d'arnaques et de mauvaises pratiques. La crypto, pour ceux qui s'y plongent quotidiennement, est encore un territoire sauvage, peuplé de nombreux projets douteux et autres escroqueries. Les modèles économiques ne sont pas encore probants, que ce soit pour l'économie des blockchains ou pour celle des projets et des jetons. Bitcoin fait figure d'exception face à une majorité écrasante de jetons inutiles ou à l'avenir incertain.

Plusieurs bulles pourraient se produire de nouveau, apportant de nouveaux utilisateurs et usages.

En définitive, bien que les promesses des cryptomonnaies soient séduisantes, leur concrétisation est encore trop lente pour les impatients. La patience et la prudence sont donc de mise.

LEXIQUE

Blockchain privée : Une blockchain privée est une blockchain où l'accès est limité aux participants autorisés. Elles sont souvent utilisées par des entreprises pour des applications spécifiques où le contrôle et la confidentialité sont nécessaires.

Blockchain publique : Une blockchain publique est une blockchain à laquelle tout le monde peut se joindre et participer. Les transactions sur une blockchain publique sont transparentes et vérifiables par tous les participants, comme c'est le cas pour Bitcoin et Ethereum.

Clé privée : C'est une série secrète de chiffres et de lettres qui vous permet d'accéder et de contrôler vos cryptomonnaies dans une blockchain. Elle doit rester secrète, car toute personne qui la possède peut accéder à vos cryptomonnaies et les dépenser.

Cryptographie : C'est une méthode pour sécuriser les communications en utilisant des codes que seules les personnes autorisées peuvent lire. Dans le contexte des cryptomonnaies, elle sert à garantir la sécurité des transactions et l'intégrité de la blockchain.

Cypherpunks : Les cypherpunks sont des défenseurs de l'utilisation de la cryptographie et d'autres technologies de confidentialité pour protéger la vie privée et promouvoir ainsi un changement social. Le mouvement Cypherpunk a largement contribué à la naissance des cryptomonnaies.

NFT : Un NFT (*Token Non Fongible*) est un type de token numérique sur une blockchain qui représente un objet unique. Ils sont utilisés pour prouver la propriété et l'authenticité d'objets numériques, tels que l'art numérique, les objets de collection et les biens immobiliers virtuels.

Preuve d'enjeu (PoS) : C'est une alternative à la preuve de travail où les validateurs sont choisis pour créer un nouveau bloc sur la blockchain en fonction du nombre de cryptomonnaies qu'ils détiennent et sont prêts à « mettre en jeu ». Cela nécessite beaucoup moins d'énergie que la preuve de travail, mais cela ne veut pas dire que c'est plus sécurisé.

Preuve de travail (PoW) : C'est un système utilisé par certaines blockchains, comme Bitcoin, où les mineurs doivent résoudre des problèmes mathématiques complexes pour valider les transactions et ajouter de nouveaux blocs à la blockchain. Ce processus consomme beaucoup d'énergie, mais assure la sécurité du réseau.

Smart contract : Un smart contract est un programme qui s'exécute automatiquement sur la blockchain lorsque certaines conditions prédéfinies sont remplies. Ils sont utilisés pour automatiser une variété de fonctions, allant des paiements jusqu'à la vente de NFT.